Abraham Kuyper

O problema da pobreza

Abraham Kuyper

O problema da pobreza

A questão social e a religião cristã

Traduzido por
MINKA LOPES

Copyright © 2020 por Vida Melhor Editora

Todos os direitos desta publicação são reservados por Vida Melhor Editora, Ltda.
As citações bíblicas são da *Nova Versão Internacional* (NVI), da Bíblica, Inc., a menos que seja especificada outra versão da Bíblia Sagrada.

Os pontos de vista desta obra são de responsabilidade do autor, não refletindo necessariamente a posição da Thomas Nelson Brasil, da *HarperCollins Christian Publishing* ou de sua equipe editorial.

Publisher	*Samuel Coto*
Editores	*André Lodos Tangerino e Bruna Gomes*
Produção editorial	*João Guilherme*
Copidesque	*Frans Leonard Schalkwijk*
Revisão	*Adalberto Nunes e Simone Fraga*
Diagramação	*Sonia Peticov*
Capa	*Jonatas Belan*

CIP-BRASIL. CATALOGAÇÃO NA FONTE
SINDICATO NACIONAL DOS EDITORES DE LIVROS, RJ

K91p

Kuyper, Abraham

O problema da pobreza: a questão social e a religião cristã / Abraham Kuyper; tradução de Minka Lopes – 1.ed. – Rio de Janeiro: Thomas Nelson Brasil, 2020.
160 p.; 13,5 x 20,8 cm.

Tradução de *Het sociale vraagstuk en de christelijke religie*
ISBN 978-85-71670-92-1

1. Cristianismo. 2. Família. 3. Planejamento familiar. 4. Religião. I. Kuyper, Abraham. II. Título.

CDD: 230

Índice para catálogo sistemático:
1. Cristianismo: religião
2. Família: planejamento familiar

Aline Graziele Benitez – Bibliotecária – CRB-1/3129

Thomas Nelson Brasil é uma marca licenciada à Vida Melhor Editora Ltda.
Todos os direitos reservados à Vida Melhor Editora Ltda.
Rua da Quitanda, 86, sala 218 – Centro
Rio de Janeiro – RJ – CEP 20091-005
Tel.: (21) 3175-1030
www.thomasnelson.com.br

Sumário

Prefácio de GUILHERME DE CARVALHO ▪ 7

Introdução de PEDRO DULCI ▪ 23

O *problema da pobreza* – ABRAHAM KUYPER ▪ 93

Epílogo de LUCAS G. FREIRE ▪ 149

Prefácio

Há, diante da religião cristã, uma premente questão social.

Essa questão não se resume à trivial constatação de que há muitos problemas sociais a enfrentar, ou quanto ao perene problema da pobreza; é questão mais radical. Embora essa "questão" ou problema se capilarize em várias expressões de ação social organizada e correntes de pensamento social científico, trata-se de algo mais básico, mais estruturante, mais "espesso". Na linguagem de Abraham Kuyper, a questão social é a própria "artéria coronária" de uma forma de vida espiritual e pública, seja ela secular ou cristã, mas essa artéria está oculta aos olhos da maioria das pessoas. Que grave questão seria essa?

Neste pequeno opúsculo, Abraham Kuyper, teólogo, jornalista e estadista cristão, demonstra novamente seu gênio e seu coração. Ao discursar no Congresso Social de novembro de 1891 a um seleto grupo de benfeitores cristãos, ouvimos ressoar a sua fé, a sua paixão, a sua política e a sua filosofia social, postas a serviço da angustiante questão social.

Mas quem é esse homem?

Kuyper nasceu em 1837 e perdeu a fé na Universidade de Leiden em 1860, estudando teologia com liberais; mas, graças a Deus, a história não se encerrou aí! Mais adiante, enquanto na cômica posição de pastor descrente em Beesd, ele retomou o caminho da fé com a ajuda das ovelhas teimosamente crentes de sua congregação, que o confrontaram de forma direta; e da providência divina, que o levou a cair de joelhos através de experiências muito pessoais. Convertido e desafiado pelo avivamento que se espalhava por várias cidades europeias, o *Réveil* [Despertamento], teve em 1868 o seu redirecionamento vocacional e entrou na rota firme e ascendente rumo à posição de reformador moderno do cristianismo holandês.

Associando-se ao famoso historiador e arquivista da Casa de Orange-Nassau, Groen van Prinsterer, autor do clássico *Incredulidade e Revolução*, e ao seu grupo de intelectuais e literatos cristãos que se opunham aos ideais da Revolução Francesa, fundou dois jornais ("O Arauto" e "O Estandarte"); o Partido Antirrevolucionário (ARP, 1879), o primeiro partido político moderno da Holanda; uma nova denominação reformada; e a universidade Livre de Amsterdam, ou Vrije Universiteit. Obteve legitimidade para um extenso movimento de escolas cristãs e chegou a ser primeiro-ministro de 1901 a 1906. Foi tal sua influência sobre a vida nacional e sua capacidade política que um oponente o descreveu em certa ocasião como um homem de "dez cabeças e cem mãos".

E o que se passava em suas "dez cabeças"?

Kuyper gestou uma extensa produção intelectual e teológica, sendo seu trabalho mais conhecido as *Palestras Stone,* ministradas no Seminário Teológico de Princeton e publicadas sob o título *Lectures on Calvinism* (no Brasil, *Calvinismo*). Nessa obra, os aspectos cruciais do ideário e a contribuição perene do estadista aparecem sintetizados. Vale destacar alguns cuja ressonância tem sido sentida no Brasil: a natureza do cristianismo como sistema total de vida e pensamento, ou "biocosmovisão" completa; o senhorio de Cristo sobre o todo da vida, a centralidade do coração para a existência (tema calvinístico e agostiniano); o conceito de "esferas de soberania", segundo o qual Deus governa cada área da vida e da sociedade diretamente, de modo que o Estado não deve concentrar em si o poder de definir e orientar áreas como religião, família, ciência, arte e economia (e tampouco pode uma dessas esferas se subordinar às outras); a noção de que fé e ciência são inseparáveis, como lados da mesma moeda; a importância de reconhecer o romanismo como um aliado histórico no enfrentamento do humanismo secular, mas ainda distinto; e sua antevisão e engajamento pessoal com a questão do Islã.

Como estadista, Kuyper ofereceu inestimável e histórica contribuição ao cristianismo ocidental como um dos fundadores da moderna ideia de democracia cristã. O Partido Antirrevolucionário testou e desenvolveu várias abordagens em políticas públicas originais em sua época, distanciando-se de liberais e socialistas revolucionários, e também do conservadorismo historicista e monarquista. Essa originalidade se mostrou, por exemplo, quando, em turnê pelos EUA, ele foi "reivindicado" por jornais norte-americanos como autêntico "democrata" ou "republicano", mas eventualmente declarando que não era nenhum dos dois.

De fato, suas propostas em filosofia social e política representavam um claríssimo não a liberais, à direita, e a socialistas, à esquerda, mas um não muito honesto, dialógico e inovador; e embora não seja errôneo apontar o elemento claramente conservador em seu pensamento, sua ruptura com os monarquistas e sua abordagem pluralista distinguiam-no também daquele conservadorismo reacionário, apegado ao velho *establishment* europeu. De certa forma, ele introduziu uma terceira via que, ao mesmo tempo, era um retorno à fé cristã reformada e uma proposta viável de teologia pública, e não apenas eclesiástica, tornando-o o fundador do movimento neocalvinista. Não seria muito dizer que ele foi um reformador pós-iluminista do cristianismo, renovando o protestantismo para se engajar com a modernidade. E nessa qualidade, ele atuou cirurgicamente para atingir a questão social.

A cirurgia

Por onde passa a vida, o sangue fresco, o futuro de uma biocosmovisão? Para solucionar o mistério, Kuyper começa, naturalmente, levantando a questão esperada por sua audiência em um Congresso Social Cristão: "Como crentes professos em Cristo, de que maneira devemos agir, com vistas às necessidades sociais de nosso tempo"? Ele ilustra a importância da pergunta com diversos exemplos de iniciativas cristãs para responder a essa pergunta, e particularmente as iniciativas de algum modo ligadas ao movimento socialista internacional, as quais se mostravam à época em franca expansão.

Nosso orador anuncia corajosamente o dilema: há uma terrível miséria humana a enfrentar, mas o socialismo apresenta uma falsa e inaceitável resposta. É como se ele dissesse: estamos juntos, por um lado, mas irremediavelmente separados por outro. Entretanto, Kuyper confessa e lamenta o vergonhoso fracasso dos cristãos europeus em não apenas agir em nome de Jesus para dar cabo do problema, mas até mesmo de entendê-lo de forma radicalmente cristã. Torna-se nossa culpa, nesse sentido, a oportunidade que o socialismo tem para se alastrar de forma contagiante. A fé cristã e a questão social estão entrelaçadas, se pertencem, e a falha de uma é a derrota da outra.

Kuyper vai encontrar as raízes desse entrelaçamento na relação entre "natureza" e "arte", ou cultura. O mandato cultural – pelo qual o homem explora, processa e refina a natureza – é uma ordenança divina, mas na realização desse mandato o pecado se intromete levando a formas doentes e perversas de vida social, a sistemas sociais e culturais. Os governos humanos, apesar de condicionados pelo mesmo pecado, sempre buscaram formas de administrar esse processo de construção da ordem social positiva. Ainda assim, o fato das desigualdades circunstanciais possibilitou a desigualdade sistemática e sustentada, resultado do abuso do poder, da exploração do mais fraco, e da tentativa de entronizar falsos princípios, normalidades anormais que violentam a natureza humana.

Aqui Kuyper faz sua denúncia dos ricos, dos poderosos, dos que usam a força e a legitimidade que têm para oprimir seus semelhantes. Ele não vê essa opressão, no entanto, como uma espécie de estrutura necessária, como se todo poder fosse mau, mas como uma condição histórica e espiritual que entrou em processo de reversão com a presença da religião cristã, e a partir da pessoa e da obra de Jesus Cristo, em quem, em palavras e atos, vimos materializar o consolo divino, não apenas espiritual, mas também social:

> *Onde pobres e ricos se encontram frente*
> *a frente, ele nunca escolhe seu lugar*
> *entre os mais abastados, mas se associa*
> *sempre aos pobres.*

Assim o moderno estadista neocalvinista enuncia a sua versão – na verdade, a versão clássica e ortodoxa, mais antiga que os velhos mosteiros orientais – da opção divina e, por isso, cristã pelo pobre, pelo fraco, pelo oprimido. Nem por isso nosso estadista se deixa vergar pelo mundanismo secularista; pois tanto o rico quanto o pobre, ele dirá, precisam do mesmo evangelho para terem seus corações libertados do amor ao dinheiro – o desejo da capacidade de controlar e garantir segurança.

Sob o poder de Cristo, forma-se a igreja cristã, comissionada para anunciar o evangelho, praticar a misericórdia e demonstrar a igualdade que procede da fraternidade. Desde os tempos do império Romano até à sua própria época, o teólogo aponta a força do princípio do evangelho transformando a ordem social, reduzindo desigualdades, enfraquecendo o sistema da escravidão, trazendo o cuidado dos pobres e órfãos, e engendrando um mundo muitíssimo mais hospitaleiro do que qualquer coisa produzida pelo mundo antigo. Sim, ele admitirá: essa presença foi cheia de ambiguidades e fracassos; mas foi algo genuíno.

Ainda assim, essa ambiguidade atingiu níveis insuportáveis, e "a corrupção social recuperou sua antiga força". Absolutismos, desigualdade e miséria, ainda que temporariamente debelados pela Reforma, eventualmente viabilizaram o surgimento de um falso remédio para a enfermidade social: a Revolução Francesa.

O princípio emancipacionista

Cristãos brasileiros, educados aprendendo sobre as glórias da Revolução Francesa, terão certamente dificuldades para compreender Kuyper. Como preparação, vale mencionarmos que vários países entre os mais desenvolvidos no mundo de hoje são ainda monarquias constitucionais, ou sistemas republicanos que não nasceram dos valores e processos da Revolução Francesa. Além disso, apesar de sua função "escatológica" no pensamento social e político de alguns, ela pode perfeitamente ser vista como uma anomalia e um problema histórico.

Em relação às raízes espirituais, Kuyper apontará o óbvio: com seu lema "Nem Deus nem Mestre", a Revolução entronizou o homem e se voltou violentamente contra o espírito do cristianismo. Erigiu um paraíso terreno e temporal e substituiu a graça por um princípio emancipatório absoluto, que terminaria, como sabemos hoje, no mais acabado narcisismo político, encarnado no liberalismo terapêutico do "é proibido proibir", ou do "meu corpo, minhas regras". E aqui a cirurgia neocalvinista atinge o seu objetivo:

A "Artéria Coronária"

> ...com o fim de chegar ao ponto em questão,
> onde a artéria coronária da questão social
> se esconde, a Religião Cristã procurava
> a dignidade humana pessoal por meio
> dos relacionamentos sociais de um viver
> pessoal em uma sociedade organicamente
> coesa. A Revolução Francesa, no entanto,
> destruiu aquele tecido orgânico,

quebrou os laços sociais, e, por fim, em seu trabalho artesanal atomístico, não deixou sobrar absolutamente nada a não ser um monótono individualismo egoísta, assegurando a própria autossuficiência do indivíduo.

Dando ressonância ao espírito da crítica do grande Groen van Prinsterer em seu clássico *Incredulidade e Revolução*, Kuyper encontra a artéria principal na transformação de horizonte, com a perspectiva da vida eterna sendo substituída por um paraíso de felicidade terrena – tema muito bem desenvolvido por Bob Goudzwaard, economista da escola kuyperiana, em sua obra *Capitalismo e Progresso*. Nos termos que temos desenvolvido em L'Abri no Brasil: deu-se um desvio teleológico, uma confusão de finalidades, um fechamento do horizonte, com a felicidade sendo entendida em termos puramente terrenos, afetivos, econômicos e sociais, sendo esse desvio teleológico a mais potente e insidiosa tentação do cristianismo moderno.

Essa tentação assumiu, em termos de filosofia social, duas formas principais, "duas grandes linhas", segundo nosso autor: a linha original, dedicada ao individualismo absoluto, atomizando a sociedade e desprezando todas as formas tradicionais de vínculo comunitário; e a linha derivada, a qual, procurando oferecer uma alternativa à sistemática destruição do tecido social, vê no Estado o realizador do princípio da fraternidade, por meio da "democratização" forçada de todos os bens e o controle social central – tal qual um reflorestamento feito de eucaliptos, quer curar a morte social por meio de um coletivismo.

Kuyper atacará assim tanto o liberalismo clássico quanto a social-democracia, mostrando a incapacidade dessas correntes de respeitar a lei da continuidade e do desenvolvimento orgânico da história. Assim, teríamos aqui uma antecipação do conceito dooyeweerdiano de processo histórico e também de um princípio prudencial conservador. Mas acima de tudo, nesses frutos da Revolução Francesa, Kuyper vê a emergência da questão social.

O problema da arquitetônica social

> Na realidade, em seu sentido mais abrangente, quem se pronuncia sobre a questão social, quer dizer com isto, que levanta dúvidas sérias no que diz respeito à validade da construção social vigente.

Aí está, então, a questão social: a validade do sistema social. Diante dos que a veem como coisa recente, Kuyper faz questão de destacar: a discussão sobre o tema nunca cessou, desde A *República* de Platão. E um cristão não está preparado para ser útil no mundo público enquanto não entender que a questão é legítima e que a conversão de todos os homens não seria suficiente para resolvê-la. Porque se trata da arquitetônica da sociedade humana.

A Revolução Francesa, sonhando com a solução da questão social, introduziu, no entanto, um gravíssimo e perene problema de arquitetônica social no ocidente, através de seu princípio emancipatório e suas duas crias gêmeas do individualismo liberal e do coletivismo socialista.

A solução? Kuyper responderá: está no socialismo!

O PROBLEMA DA POBREZA

A perplexidade será aqui desnecessária: o "socialismo" de Kuyper não é aquele concebido sob o influxo do princípio revolucionário, que ele denuncia com todas as suas forças, mas o socialismo concebido como a existência de uma sociedade viva e organicamente coesa, um "corpo" com muitos membros, com funções diversas e interdependência. O olho educado saberá que Kuyper tem em mente a sociedade de redes simbióticas de Johannes Althusius (1557-1563), algo que estaria mais próximo, hoje, de um comunitarismo social. Kuyper está pensando, aqui, em uma sociedade civil forte, com esferas de soberania saudáveis que nada tenham a não ser Deus acima delas, e nas quais os homens cooperam em paz para atingir seus fins comuns.

Com isso Kuyper mostra grande sensibilidade, mesmo com os socialistas de seu tempo. Ele lhes dá a mão, reconhecendo a legitimidade de seus anseios por uma sociedade fraterna, menos desigual, mais cooperativa, e a legitimidade do espírito comunitário. O erro do socialista moderno é tentar chegar à tal sociedade passando pela Revolução, que destrói e torna irrecuperável o tecido social. O caminho seria outro. Em termos contemporâneos, isso acontece com a sociedade civil, os altos níveis de cooperação e capital social, as redes simbióticas inteligentes, a família, as igrejas e as instituições dando suporte às pessoas individuais.

Mas, quando o princípio emancipacionista é aceito, tudo isso se torna impossível:

> Pois, quem não acredita que há um Deus a cujas ordenanças devemos nos submeter; quem não dá valor à lei intrínseca dos povos a qual nunca deixa impune aquele desenvolvimento histórico que infringe irremediavelmente

essa lei da vida; quem vê em toda a estrutura de nossa sociedade hodierna nada mais que o produto da arbitrariedade humana; se vê, consequentemente, no direito de destruir tudo o que se encontra em pé; e não recua ao se ver frente à tarefa gigante de destruição para então, posteriormente, começar a construir em terreno que se tornou vazio. Indo nesta direção, temos o niilista que pensa da forma mais radical possível. Pois este, ao ver que a vida humana é totalmente interdependente, não contempla a possibilidade de salvação, enquanto se encontrar qualquer vestígio desta civilização considerada morta. E que, por conseguinte, quer começar destruindo tudo, literalmente tudo o que vê pela frente. Seu ideal é voltar aos tempos após o dilúvio. Para ele o descanso se encontra no Nihil.

A questão social posta pela Revolução Francesa, e que torna toda e qualquer solução arquitetônica secular em um projeto necessariamente condenado, é a rejeição das ordenanças divinas e a pretensão de que o contrato social humano seja o *fiat!* que "cria" a ordem social e o mundo dos homens; como se o ser humano fosse *Causa Sui*, a causa de si mesmo, no processo histórico. Essa doutrina vive no coração da esquerda e de parte da direita desde 1789 e é a mais certa garantia de que o paraíso terrestre nunca será alcançado. Tudo o que os homens exilados podem fazer é construir cidades com grandes torres em seu centro, como o fez Ninrode há muito tempo.

Mas a resposta a isso não pode ser o ódio. A misericórdia diante da realidade do sofrimento precisa nos mover, pois – mesmo que o edifício esteja condenado – Deus faz novas todas as coisas. É necessária misericórdia diante da miséria temporal e também diante do sofrimento espiritual de homens cativos a falsos evangelhos, incluindo os evangelhos dos ideais revolucionários e de seus sonhos emancipatórios. Todavia, para não focarmos apenas nos sentimentos, é preciso assumir uma posição definível quanto à questão social e apresentar um caminho de reparos na arquitetônica social.

Uma arquitetônica cristã

Aqui Kuyper apontará seus temas clássicos de filosofia social cristã: o reconhecimento das esferas de soberania do Estado e da sociedade, bem como sua devida distinção; a soberania das várias esferas sociais entre si; a busca da preservação prudente da organicidade social contra a atomização liberal; a vindicação das liberdades, mas também a vindicação das autoridades e a resistência a toda gana revolucionária. Enfim, toda a nova atitude em relação às instituições e à ordem social que resulta de vê-los como aspectos da criação divina, e não apenas do artifício humano.

E, por fim, aquilo que considero a mais bonita e atualíssima contribuição do breve discurso de Kuyper: toda a nossa gestão deve ser vista como mordomia. *Oikoumené!* Essa é, na mais pura essência, a política cristã: não a "luta social", não a "indignação" e a revolta, ainda que essas possam ter seus papéis circunstanciais e temporários, aqui e ali. Mas não. A essência da política cristã é o cuidado. Jardinar o mundo foi a tarefa de Adão. A política cristã diz respeito ao cuidado, à solução de problemas, à cura de feridas, ao cultivo dos bens humanos e de todas as coisas boas e lindas que Deus pôs na criação, e lutaremos – sim! – quando algo bom estiver sendo destruído; mas saberemos cuidar.

Somos mordomos, administradores dos bens criados. E nem mesmo a propriedade privada – para desespero de liberais mais dogmáticos – é um direito absoluto. A terra tem uma destinação universal, e a autoridade e a posse são direitos temporários daqueles que sabem cuidar. Precisamos cuidar da terra, trabalhar e honrar o trabalhador, cultivar a família e protegê-la.

O Estado tem um papel fundamental na promoção dessas atitudes? Certamente, mas apenas no sentido de garantir a acessibilidade aos bens humanos, tomando os devidos cuidados e realizando uma distribuição de bens apenas limitada ao mínimo absoluto necessário para não "desenervar a classe trabalhadora" e preservar a iniciativa pessoal. A tarefa pertence, enfim, a cada um, sendo universal a responsabilidade pela fraternidade.

Já mencionamos que Kuyper carrega o mérito de ter sido um dos pioneiros da moderna democracia cristã. O seu discurso sobre a Questão Social foi apresentado no mesmo ano de 1891, quando o Papa Leão XIII lançou a encíclica *Rerum Novarum*, definindo com clareza o núcleo da doutrina social da igreja e sua relevância direta para os desafios sociais da época.

A ressonância da antropologia teológica, da visão da arquitetônica social e de temas variados como trabalho, propriedade, família e lei natural, entre outros, mostrou-se tão grande que uma cooperação bastante segura e amadurecida entre neocalvinistas e católicos tornou-se uma obviedade. Essa convergência traz muita segurança de que a doutrina e o espírito do cristianismo implicam um ensinamento social normativo e unificado. Não é verdade que há uma pluralidade de visões cristãs de sociedade e que ninguém sabe qual delas seria mais adequada, e ponto final. Não, meus amigos! Neocalvinismo e doutrina social da igreja fornecem os fundamentos para a presença social cristã pública, ecumênica e afinada com os desafios da modernidade.

A questão social no Brasil

O crescimento da comunidade evangélica, a expansão do acesso à informação e o generalizado envolvimento de cristãos em instâncias decisórias da sociedade tornaram extremamente aguda a consciência da questão social. As preocupações com esse assunto nos levaram a fundar a Associação Kuyper para Estudos Transdisciplinares em 2006, em Belo Horizonte. A partir dessa associação, seria lançada, em 2014, a iniciativa Cristãos na Ciência ou ABC2, quase dez anos depois.

No mesmo ano de 2006, eu co-editei com alguns amigos a obra *Cosmovisão Cristã e Transformação*, na qual levantei a questão do envolvimento da teologia e da missão latino-americana com a corrente progressista da militância política contemporânea e propus uma síntese entre a ideia de Missão Integral e a perspectiva neocalvinista. A pergunta se justificava pela resposta metodológica que esse movimento assumiu com a aplicação do evangelho: empregarmos mediações sócio-analíticas para compreender a sociedade e, então, respondermos às questões iluminadas por essas mediações através da teologia cristã.

Esse procedimento, como todos sabem, tende a sacramentar fusões mais ou menos profundas entre fé evangélica e progressismo, a ponto de confundir salvação com emancipação histórica, escatologia com consciência histórica progressiva, compromisso com o discipulado a Cristo com o compromisso com a militância ideológica.

E a minha questão em 2006 era tipicamente Kuyperiana: seria admissível adotar teorias sobre a natureza da realidade social às quais, desde seus fundamentos arquitetônicos, manifestam os mesmos conhecidos erros de engenharia e cálculo, por assim dizer? Como emprestar mediações sócio-analíticas seculares sem importar com elas o princípio emancipacionista moderno e tudo o que o acompanha? Como falar em "progressismo cristão" sem comprometer o compromisso com a noção de ordem da Criação? Suportará o cristão progressista fazê-lo sem vender a alma aos camaradas confessando que a família, por exemplo, seria apenas uma construção social destinada a preservar o poder patriarcal e a manutenção do modo de produção econômica?

O entendimento da questão social impõe ao cristão a nobre e dificílima tarefa de confrontar os ideais da Revolução e seus descendentes e de cultivar as condições necessárias para a sua superação, não através da repressão reacionária, mas através do corajoso enfrentamento dos problemas para os quais a política moderna e o pensamento social-científico afirmam ter solução, mas efetivamente não tem.

É a minha oração que essa mensagem chegue aos ouvidos e ao coração de cada cristão brasileiro engajado com a demonstração pública da sua fé. A questão social tornou-se para nós inevitável. Vamos encará-la?

■ Guilherme de Carvalho

Teólogo e pastor evangélico reformado.

Fundador da Associação Kuyper para Estudos Transdisciplinares e, com um grupo de amigos cientistas, a Associação Brasileira de Cristãos na Ciência.

Diretor de L'Abri Fellowship Brasil com sua mulher Alessandra Pastor da Igreja Esperança em Belo Horizonte.

Diretor de Promoção e Educação em Direitos Humanos no Ministério da Mulher, da Família e dos Direitos Humanos.

Introdução

*Em cada esfera da realidade: as contribuições
de Abraham Kuyper para a vida cristã integral*

Quais são os benefícios das biografias? Por que gostamos tanto de nos ocupar com os detalhes da vida de outras pessoas? Por que a trajetória pessoal de um indivíduo é tão importante para compreendermos suas ideias e a durabilidade de suas contribuições? Particularmente, acredito que existe um grande proveito de conhecermos os detalhes da vida de pessoas do passado e do presente. Isso porque é praticamente impossível vivermos da mesma forma nossa própria trajetória depois de sermos atravessados pela existência dos outros. As biografias ainda são as melhores ferramentas de repensarmos os rumos das nossas experiências.

Quando a biografia que está em questão é a do teólogo e reformador holandês Abraham Kuyper, o grande benefício está em repensarmos a nossa própria vida cristã. Entrar em contato com a história de vida de Kuyper tem sido uma excelente forma de muitas pessoas ampliarem seus horizontes de possibilidades, no que diz respeito à vivência cotidiana do cristianismo. É como se, entre os detalhes da vida do teólogo holandês, estivessem escondidos os princípios e parâmetros para que nós também pudéssemos experimentar o senhorio de Cristo em cada esfera da existência.

Estou de acordo com o historiador norte-americano Mark A. Noll, quando ele disse que uma biografia precisa responder a questão: "quem foi Abraham Kuyper e por que nós devemos nos importar com isso?".[1] Como a vida desse cidadão holandês é rica de feitos em áreas muito distintas umas das outras – desde o pastoreio de igrejas rurais até o cargo de primeiro-ministro do Reino dos Países Baixos – leitores diferentes encontrariam mais de uma resposta (algumas até antagônicas entre si) para a pergunta sobre o porquê de nos importarmos com sua biografia. Existe mais de uma dezena de publicações que destacam aspectos diferentes do trabalho de Kuyper – como pastor e teólogo, como educador, como ministro e ativista social, e assim por diante. Frente a isso, o propósito desta apresentação de sua vida e pensamento é justamente encontrar algo como um "mínimo múltiplo comum" nas diferentes facetas da vida de Kuyper, que nos sirva de corrente elétrica para iluminar a grande trajetória do seu pensamento e os limites de seu legado.

Não é sem motivo, também, que buscaremos esse denominador comum no texto que introduzirá a contribuição de Kuyper à relação entre fé cristã e questões sociais. Ficará evidente ao longo das próximas páginas que o reformador holandês não só foi eficiente em responder aos desafios das

---

[1] NOLL, Mark A. *Foreword*. In: BRATT, James D. *Abraham Kuyper: modern calvinist, christian democrat*. William B. Eerdmans Publishing Co., 2013, p. xi.

INTRODUÇÃO   25

camadas mais necessitadas da Holanda de sua geração, como também deixou parâmetros muito frutíferos para pensarmos, ainda hoje, a postura cristã diante das lutas sociais.

1. Um filho ambivalente dos tempos modernos

Abraham Kuyper nasceu em uma pequena cidade próxima de Roterdã, chamada Maassluis, em 29 de outubro de 1837. Sua família tem origens muito simples. Sua mãe, Henrietta Huber (1802-1881), trabalhou como governanta até se tornar pedagoga e começar a lecionar em um internato para garotas em Amsterdã. A família Kuyper morava em Maassluis, porque seu pai, Jan Frederik (1801-1882), era um pastor local de uma comunidade que fazia parte da Igreja Nacional ligada ao Estado – a *Nederlandse Hervormde Kerk* – NHK [Igreja Reformada da Holanda].

Um dos principais biógrafos de Abraham Kuyper, o professor de história do Calvin College, James D. Bratt nos conta um importante detalhe sobre o clima religioso dominante na época em que Jan exercia seu ministério. De certa forma, esse ambiente foi importante para que Kuyper também se interessasse pelo ofício teológico:

> A família Kuyper entrou em contato com o *Réveil*, um avivamento continental do protestantismo que foi iniciado pelos evangélicos britânicos e franco-suíços e que se espalhou através dos velhos territórios reformados ao longo do Reno, como também estava ligado, pelo menos em conceito, com a ressurgência do luteranismo na Alemanha. O *Réveil* foi proveitoso para uma era Romântica e de Restauração: cheio de emoções para a experiência com Cristo, estendendo as mãos às antigas divisões doutrinárias, moralmente sincero,

O PROBLEMA DA POBREZA

politicamente conservador, ainda que preocupado com os que sofriam e os aflitos.[2]

Esse clima evangelical que dominava o cenário no início da vida de Kuyper é curioso. Em geral, os kuyperianos estão interessados, justamente, em ultrapassar as práticas típicas de uma igreja que vive apenas dos arroubos que se tornaram característicos do evangelicalismo como o conhecemos hoje. Veremos ao longo de toda reconstrução da trajetória de Kuyper que uma das contribuições marcantes de sua vida e obra é uma espiritualidade teologicamente mais sóbria e culturalmente mais relevante. Não obstante, não podemos dar vazão aos nossos preconceitos evangélicos. É necessário percebermos que foi mesmo através de um despertamento, como o *Réveil*, que tornou mais uma vez a fé cristã uma alternativa plausível e popular entre os habitantes da Europa do começo do século XIX – sobretudo entre os mais jovens. Após um período de ceticismo racionalista e frustração revolucionária, parcelas consideráveis da igreja buscavam experiências espiritais mais profundas e genuínas. Nessas circunstâncias, convocações ao despertamento e avivamento da fé são muito bem-vindas.

Como é habitual na trajetória de muitas famílias pastorais, o pastor Jan já havia morado em várias cidades antes de Maassluis e, mesmo depois do nascimento de Kuyper, eles se mudaram também para Middelburg para então, oito anos depois, estabelecerem-se, finalmente, na cidade de Leiden. Ao contrário das outras localizações, Leiden era uma cidade minimamente cosmopolita em razão da distinta universidade

---

[2]BRATT, James D. *Abraham Kuyper: A Centennial Reader*. William B. Eerdmans Publishing Co., 1998, p. 5.

que sediava. Foi ali que Kuyper recebeu toda a sua formação educacional. Apesar de já se mostrar um excelente aluno em sua educação secundária, foi no ensino superior que Kuyper recebeu a formação intelectual que determinaria os próximos anos de sua vida.[3]

Em 1855, Kuyper ingressou nos estudos de literatura e teologia na Universidade de Leiden. Em 1858, ele foi aprovado nos exames *summa cum laude* [com altas distinções]. Na condição de jovem estudante durante aquele período, Kuyper tinha em seu horizonte, pelo menos, três caminhos possíveis para trilhar. Em linhas gerais, Bratt explica cada uma dessas opções:

> como alguns jovens crentes amadurecidos, eles decidiram que aquela fé tão afetivizada [do evangelicalismo de *Réveil*] tinha pouca projeção para as questões públicas ou intelectuais, as quais deveriam ser medidas pelos padrões racionais. Essa era a opção Modernista. Outros tentaram mediação, inter-relacionando o espírito cristão e o fato moderno para criarem um mundo internamente significativo e exteriormente moral. Na Holanda esses foram compreendidos como a escola Ética. A terceira opção era a dos Conservadores estritos que julgavam os tempos modernos a partir dos padrões da Reforma, e não o contrário, além de aborrecerem a Revolução em todas as suas obras.[4]

Kuyper, enquanto um aluno da faculdade de teologia da Universidade de Leiden, apesar de alguma influência que o

---

[3]HENDERSON, Roger D. *Como Kuyper se tornou kuyperista*. In: SABINO, Felipe; TAVARES, Fabrício (orgs.). *Em toda a Extensão do Cosmo*. Brasília: Editora Monergismo, 2018, p. 119.
[4]BRATT, op. cit., p. 5

28 O PROBLEMA DA POBREZA

Réveil possa ter tido em sua família, foi uma presa fácil para a opção Modernista – durante boa parte de sua juventude, era meramente um filho da modernidade. Nos anos universitários do reformador holandês, a teologia protestante era marcada pelo liberalismo teológico que havia nascido na Alemanha, mas que já estava bem presente nas universidades holandesas. Especialmente em Leiden, esse liberalismo teológico moderno encontrava no professor Jan Hendrik Scholten (1811-1885) sua mais paradigmática expressão. Kuyper demorou para se desvencilhar dos efeitos teológicos provocados pela admiração que tinha por Scholten. Somente nos anos finais da vida do professor de Leiden, Kuyper percebeu que a avaliação altamente crítica que era feita da Bíblia havia se tornado incompatível com sua fé.

Vale ressaltar que Kuyper, muito antes de ingressar na faculdade de teologia, tinha recebido os rudimentos da fé cristã de seus pais. Na excelente reconstrução dos primeiros anos de vida de Kuyper, o professor do Dordt College, Roger D. Henderson, explica-nos o seguinte:

> Como filho de pastor, Kuyper sabia bastante sobre o cristianismo desde tenra infância. Por suas afirmações posteriores, somos capazes de perceber sua fé vigorosa na infância. Ele respeitava o pai, e quando chegou o momento de escolher o próprio curso de estudo e profissão optou por teologia e ministério.[5]

No entanto, a formação cristã recebida na infância não foi suficiente para resistir às pressões do moderno liberalismo.

---

[5]HENDERSON, op. cit., p. 125.

Entre dois e três anos de curso, a fé nutrida no período infantil foi substituída por uma versão muito mais sofisticada e sensível aos critérios da modernidade racionalista e cientificista. A fé e a santidade cederam lugar ao mero conhecimento e moralidade de inspiração cristã. Toda a experiência religiosa foi reinterpretada segundos os modernos parâmetros teológicos, e os compromissos com Deus que haviam sido herdados na infância foram ressignificados.

O próprio Kuyper dá testemunho do que aconteceu nesse período. Em uma pequena autobiografia que ele escreveu, intitulada *Confidentially* [Confidencialmente] (1873), podemos ler o seguinte:

> Nos anos da minha juventude, a igreja suscitou mais minha aversão do que minha afeição. Tendo crescido na igreja, eu sabia disso de dentro, e particularmente através do caminho que a vida da igreja manifestou em si mesma em Leiden, eu senti mais repulsa do que atração. Em Leiden, debaixo do regime liberal, a mais lamentável situação prevalecia, e o engano, a hipocrisia, a rotina não espiritual que seiva a corrente sanguínea de toda a nossa comunidade eclesial era lamentavelmente o que prevalecia na velha cidade universitária... A igreja lá não era realmente uma igreja. O Espírito estava ausente, e meu coração não conseguia sentir nenhuma simpatia tanto pela igreja, que era tão descaradamente desonrada em si mesma, quanto pela religião que era representada por tal igreja. Por essa razão, eu posterguei minha profissão de fé o máximo possível, para até depois do exame de candidato ministerial. E não é difícil se surpreender que quando eu entrei no mundo acadêmico e me mantive sem defesa ou armas contra os poderes da negação, os quais me roubaram a fé que me foi herdada, antes mesmo de eu saber o que estava acontecendo. Minha fé não era profundamente

enraizada em minha alma, que era autocentrada e, então, obrigada a murchar uma vez que estava exposta ao calor abrasador do espírito da dúvida. Não que eu tenha me sentido alguma vez completamente positivista ou ateísta, mas do meu antigo tesouro não sobrou nada.[6]

É importante lembrar que, apesar desse novo estado espiritual deprimente, Kuyper ainda estava se preparando para ser ministro da Igreja Nacional. Ele mesmo diz acima que deixou sua confissão de fé para o último momento, antes dos exames finais de sua candidatura. Ou seja, seus interesses profissionais estavam esbarrando em sua falência espiritual.

Diante desse impasse – o paradoxo de se tornar ministro teologicamente liberal de uma igreja espiritualmente morta – Kuyper esforçou-se em um exercício de adaptar seu pastoreio e o ensino bíblico às convenções modernas. Henderson diz que "Kuyper buscou novos sentidos para as velhas palavras".[7] Ou seja, Deus se tornou a "essência moral", santidade transformou-se em uma busca de "se tornar melhor", e toda a experiência religiosa é vista tão somente a partir de seu lado humano, enquanto um mero sentimento de pertencimento cósmico.

O melhor diagnóstico desse período da vida de Kuyper ainda é o de Henderson quando ele coloca as seguintes palavras:

Com o passar do tempo, a atmosfera cínica da teologia da universidade deixou a fé de Kuyper intelectualmente

---

[6]KUYPER, Abraham. *Confidentially*. In: BRATT, J. D. *Abraham Kuyper: A Centennial Reader*. William B. Eerdmans Publishing Co., 1998, p. 46-47.
[7]HENDERSON, op. cit., p. 127.

ressequida; contudo, no nível emocional ele ainda permanecia aberto, mesmo vulnerável, às coisas espirituais. Além de enfatizar a necessidade de ser mais consciente e vigilante, ele também sublinhou a importância de dar ouvidos ao próprio coração. Essa atitude parece representar um importante papel na conversão de Kuyper.[8]

Devemos resistir à tentação de interpretar a condição espiritual de Kuyper com conceitos anacrônicos à época. Entretanto, a circunstância descrita anteriormente é muito próxima com a que vivem muitos cidadãos do mundo contemporâneo. Aqui temos uma das primeiras grandes lições de Kuyper ao nosso tempo. O combinado de fé intelectualmente ressequida com vulnerabilidade emocional aos assuntos religiosos parece ser uma fórmula que ainda produz muitos indivíduos em crise espiritual perpétua. A exposição continuada ao espírito crítico que caracteriza muitos espaços educacionais – inclusive em teologia – é uma receita infalível para produzir uma espiritualidade cínica. Além disso, as comunidades de fé que não se atentam para a necessidade de investir em agendas sérias de discipulado e orientação teológica profunda irão contribuir para a multiplicação de pessoas na mesma situação de Kuyper.

A ausência de respostas biblicamente orientadas às honestas questões dos indivíduos colabora, desde os tempos de Kuyper, com o processo de crentes se tornarem céticos, em seguida críticos até que a condição de cínicos é a que melhor os descreve. Basta olharmos nossas faculdades teológicas sem vínculos confessionais claros, bem como os programas de pós-graduação em ciências da religião espalhados

---

[8]Ibid.

pelas universidades brasileiras. São os ambientes que melhor encarnam o clima de cinismo teológico que a Universidade de Leiden forneceu à Kuyper – debaixo da mesma propaganda de neutralidade científica e rigor acadêmico. Nesses lugares, a palavra de ordem é "ressignificar" – desde os textos bíblicos até as relações de gênero, sexo e sexualidade. A grande questão é que, à semelhança de Kuyper, o que acontece nessas ressignificações é uma troca de palavras. Os conceitos tradicionais são substituídos por sinônimos desubstancializados, produzindo o que Francis A. Schaeffer, por muitos anos, chamou de "misticismos das palavras".[9]

Não é necessário discorrer mais sobre como esse clima intelectual é espiritualmente danoso. Pastores e líderes espiritualmente mortos matam suas igrejas. Uma comunidade de fé que procura se comprometer tão intimamente com o *Zeitgeist* [espírito de sua época] está fadada a desaparecer assim que esse espírito do tempo também falir. Uma das primeiras lições fundamentais que a trajetória de Kuyper nos ensina é que a mera abertura emocional para os assuntos religiosos não é suficiente para resistir aos ambientes de cinismo teológico e falência eclesiástica. Os desafios que nasceram na época moderna e que, ainda hoje, confrontam a fé cristã necessitam de posturas espirituais mais robustas.

Diante disso, gostaria que esse tópico terminasse com uma afirmação crucial para compreendermos quem foi Abraham Kuyper e por que ele, apesar de sua crise de fé inicial, ainda é uma fonte privilegiada para os cristãos de todo mundo desenvolverem um testemunho de fé fiel.

---

[9]SCHAEFFER, Francis A. *O Deus que se revela*. São Paulo: Cultura Cristã, 2019, p. 91.

Quem fez tal afirmação foi, uma vez mais, Henderson no início de seu texto:

> Pretendo explicar o modo e o motivo pelos quais Abraham Kuyper, diferentemente de vários de seus colegas estudantes da Universidade de Leiden no final da década de 1850, não se tornou teólogo "liberal", ministro da "ortodoxia fria", ou pietista "temeroso da cultura". Antes, tornou-se o fundador do que é conhecido "kuyperianismo".[10]

Procurarei deixar claro que Kuyper e o movimento neocalvinista, que ele ajudou a dar forma, são um resultado ambivalente da Modernidade. Isso porque, apesar de seus principais líderes terem emergido de um contexto educacional semelhante – as universidades europeias marcadas pelo cientificismo secular e o liberalismo teológico – pelos desígnios da providência, Deus conseguiu alcançar seus corações e, além disso, usar toda carga intelectual que receberam nesses centros educacionais a favor da fé reformada. É desse movimento da história que atribuímos a ambivalência da filiação moderna de Kuyper. O neocalvinismo recebe esse nome, justamente, porque é uma nova apresentação ortodoxa da fé reformada às questões típicas da modernidade – em ciência, arte, cultura e, especialmente, sociedade.

2. A conversão pessoal e o compromisso com a questão da igreja

Durante seus anos de estudante em Leiden, Kuyper conheceu Johanna Hendrika Schaay (1842-1899). Quando ela tinha

---

[10]HENDERSON, op. cit., p. 115.

34 O PROBLEMA DA POBREZA

16 anos e Kuyper 21, eles se tornaram noivos e permaneceram assim durante cinco anos. Em suas correspondências, temos muito material de pesquisa e, entre vários assuntos, chama nossa atenção o fato de Kuyper, ainda sob a influência do cinismo teológico de Leiden, insistir em "evangelizar" Johanna para sua fé ressignificada. Ela, que estava se preparando para fazer sua profissão de fé, precisava resistir às iniciativas de Kuyper de introduzi-la à sua nova forma de caracterizar o cristianismo. Quanto a esse período, somos informados que Johanna, por mais que quisesse aprender com seu noivo, "é notório certo nível de resistência com a persistente teologização de Kuyper. Em alguns pontos, Johanna se inclina para as ideias do pastor que a catequiza, e assim se sente compelida a dizer a Abraham que ela discorda dele e não deseja discutir mais a questão no momento".[11]

Apesar da militância liberal, no período final dos estudos teológicos e o início de seu primeiro pastoreio na pequena cidade de Beesd, aconteceu algo surpreendente. Foi nessa época que nosso reformador holandês experimentou o que ele entende ter sido sua genuína conversão à fé apresentada nos Evangelhos. Ele mesmo narra esse episódio em *Confidentially*:

> Minha posterior conversão a Cristo não foi uma gradual mudança de uma piedade infantil para um doce senso da salvação, mas, ao contrário, exigiu de mim uma total mudança da minha personalidade – coração, mente e vontade. Você pode se perguntar: mas quais foram as circunstâncias especiais que colaboraram com esse processo, marcando-me profundamente e, justamente com minha conversão,

---

[11]Ibid., p. 126.

determinando a direção da minha vida espiritual nesse novo terreno... Considerando a natureza delicada desse assunto, eu vou tocar em apenas três incidentes que estão intimamente relacionados.[12]

A leitura de Kuyper sobre os eventos responsáveis por essa mudança que experimentou é mais do que uma mera curiosidade biográfica. Para ele, toda a sua paixão dominante pelo florescimento da igreja de Cristo está diretamente ligada a sua conversão. Os três episódios que ele menciona serem o estopim de seu arrependimento são fatos que remetem à santidade e à relevância da igreja para Kuyper. Podemos dizer que a conversão do jovem candidato ao ministério já o lançou, imediatamente, na vocação de reformador da igreja.

Seguindo uma ordem cronológica mínima, o primeiro fator responsável por lançar Kuyper na sua nova aliança com Cristo e sua igreja foi um concurso acadêmico. Durante seus anos finais na Universidade de Leiden, apesar de J. H. Scholten ser o grande nome da teologia local, Kuyper tornou-se muito próximo do professor Matthias de Vries (1820-1892), renomado professor de literatura e língua holandesa. Foi ele quem avisou a Kuyper sobre um concurso que a faculdade de teologia da Universidade de Groningen estava realizando para premiar o melhor artigo acadêmico sobre nada menos que a igreja. Como essa questão foi tratada nos dias da Reforma Protestante por João Calvino e Jan Lasko, a oportunidade brilhou aos olhos de Kuyper como uma possibilidade de alcançar fama e honrarias acadêmicas. É importante ressaltar aqui que Kuyper, nessa época, tinha a reputação de ser muito orgulhoso e desejoso de

---

[12]KUYPER, op. cit., p. 47.

reconhecimento. Uma vez que sua origem familiar era muito simples, ele encontrou na vida acadêmica os meios de fazer seu nome grande. Nesse sentido, o concurso cumpriu um papel determinante em sua vida.

Kuyper dedicou-se compulsivamente a esse trabalho. Seu envolvimento ao longo dos meses o privou, por exemplo, da companhia de sua noiva Johanna. Além disso, a bibliografia sobre Lasko nas universidades do lado oeste da Europa era escassa. Nesse momento, sentindo-se desesperado sem saber o que fazer, Kuyper provou de um cuidado da providência de Deus: um ministro aposentado tinha na cidade de Haarlem uma biblioteca privada com uma coleção imensa de escritos sobre a história da igreja. Entre muitas outras coisas, lá existiam várias obras de Lasko. Quanto a esse dia, Kuyper lembra o seguinte:

> Você consegue imaginar como eu me senti quando eu entrei na casa do velho pregador e fui recebido da maneira mais hospitaleira possível e o escutei dizer da maneira mais simples possível no mundo: "aqui está o que você está procurando", apontando para uma pilha de documentos me esperando em cima de uma mesa. Quase não acreditei no que estava vendo.[13]

O esforço de Kuyper para escrever esse trabalho foi tamanho que, ao final, ele experimentou um mal-estar agudo. Durante semanas, sentia dores de cabeça angustiantes, fazendo com que esse tempo fosse lembrado como seu primeiro grande episódio de esgotamento físico e psicológico que ele enfrentou. Ao longo de sua vida, ele ainda teria

---

[13]Ibid., p. 49.

outros dois. Mesmo assim, ao final do período, Kuyper alcançou o que desejava: ganhou uma medalha de mérito acadêmico e muitas honrarias. Esse trabalho foi posteriormente publicado como seu primeiro livro – dois volumes com quase mil páginas de conteúdo ao total!

Independentemente dos desgastes físicos e emocionais, Kuyper entendeu que esse episódio contribuiu muito para sua conversão a Cristo e à sua igreja. Isso porque foi nas formulações teológicas de Calvino e de Lasko que Kuyper encontrou uma eclesiologia totalmente diferente daquela à qual ele havia sido submetido em Leiden. Ao que parece, Deus estava convergindo seus estudos com experiências pessoais que marcariam profundamente nosso reformador holandês, colocando-o em uma posição de nova aliança com o Pai, que não podia ser confundida.

O segundo incidente referido por Kuyper aconteceu logo em seguida. Johanna presenteou seu noivo com um romance de Charlotte M. Younge, intitulado *The Heir of Redclyffe* [O herdeiro de Redclyffe]. A obra foi a primeira publicação de Younge, uma romancista cristã muito influenciada pelo Movimento de Oxford, o qual foi uma renovação teológica e litúrgica no interior da Igreja Anglicana a partir de membros da Universidade de Oxford. Basicamente o livro conta a história de Guy Morville, o herdeiro da baronete de Redclyffe, bem como de seu primo, Philip Morville. Enquanto o primeiro aparece na obra como um exemplo de perseverança cristã em meio às provações, o segundo é um personagem vaidoso e hipócrita que se aproveita de sua reputação ilibada para prejudicar os outros. Descaradamente mentiroso, Philip espalha por toda a redondeza que Guy é um apostador inconsequente, o que lhe custa o noivado com Amy – uma donzela de família conservadora que não aceitaria entregar

38   O PROBLEMA DA POBREZA

sua filha em matrimônio a um indivíduo viciado em aposta. Apesar de toda maldade, Guy contorna a situação com virtudes cristãs que ele havia aprendido a pouco, sendo perseverante em todas as provações que era submetido para recuperar sua reputação e seu noivado. A história termina com o casamento de Guy e Amy e sua lua de mel na Itália, onde acabam encontrando Philip sendo atacado de um mal súbito de febre e risco de morte. Com uma narrativa irônica incrível, Guy providencia o atendimento médico necessário para Philip que recupera sua saúde, mas que, por outro lado, acaba transmitindo a Guy sua febre que lhe é fatal. Por fim, Philip é tomado e transformado pela contrição genuinamente cristã e herdando Redclyffe.

A narrativa é interessantíssima e permeada de quebra de expectativas do começo ao fim. No entanto, não foi o mero valor literário que chamou atenção de Kuyper. Segundo ele mesmo conta, "essa obra de arte foi o instrumento que quebrou meu presunçoso e rebelde coração!".[14] Tendo em mente a arrogância que caracterizava a vida do jovem estudante de teologia em Leiden, a leitura do romance de Younge, com certeza, foi impactante. Kuyper diz que "no começo foi tudo puramente estético".[15] Entretanto, pouco a pouco, a trama foi lhe tocando e, então, ele percebeu o que estava acontecendo: "Oh, no momento parecia que o aperto de Philip foi no meu próprio coração, que foi devastado, como se cada uma das suas palavras de autocondenação atravessassem minha alma como um julgamento de minha própria ambição e caráter".[16] Deus utilizou cada linha daquele romance para

---

[14]Ibid., p. 51.
[15]Ibid., p. 53.
[16]Ibid.

INTRODUÇÃO 39

desnudar os pecados de Kuyper. A similaridade das práticas e motivações de Philip com as de Kuyper chama sua atenção e o faz se arrepender de seu próprio egoísmo e orgulho. Segundo Henderson, "o personagem Philip, da obra de Young, falou profundamente ao esforço inquieto de Kuyper por sucesso, ao medo do fracasso e ao desejo de ser melhor que seus pares".[17] Assim, com o auxílio da literatura habilmente presenteada por sua noiva, Kuyper é convertido à fé cristã genuína.

Muitos poderiam entender esse episódio de sua vida como um excelente exemplo de como Kuyper foi colocado em relação com Deus de uma maneira bastante individualista e sem qualquer compromisso com uma congregação local. Afinal de contas, ele entende que foi alcançado por Cristo através da leitura de um livro − isolado em sua individualidade. Entretanto, não é assim que o próprio Kuyper enxerga sua conversão. Mais uma vez, o que está em jogo aqui é a questão da igreja:

> Agora, se você está espantado com o que isso tem a ver com a questão da igreja, eu vou te responder: leia o Herdeiro de Redclyffe e você entenderá... leia como o abençoado Guy morreu pacificamente, leia como ele foi trazido para o cemitério da Recoara e então veio esta sentença: "a palavra da paz sussurrava sobre as sepulturas com os sons melodiosos da Liturgia Inglesa enquanto ele foi colocado para descansar abaixo da folhagem de uma bela castanheira, que lhe renderam um lar através dessas palavras de sua Mãe Igreja − a mãe que guiara cada um de seus passos em sua vida órfã". Isso era o que eu queria. Tal igreja eu nunca vi nem conhecia. Oh, existe

---

[17]HENDERSON, op. cit., p. 130.

essa tal igreja, "uma Mãe que guia os passos dos seus filhos". Essa foi minha nostalgia, a sede de todo o meu ser, que eu sentia falta. Isso tinha que ser meu meio de salvação.[18]

Quando Kuyper foi colocado em contato com a história de Guy e todas as dimensões da vida cristã que estavam nele figuradas, o jovem pastor holandês conseguiu dar nome para o vazio que tinha em si. Não foi apenas a experiência religiosa individual de Guy que chamou a atenção de Kuyper. Uma forma de vida cristã alinhada com a igreja brilhou no horizonte daquele jovem teólogo holandês. Charlotte Younge conseguiu comunicar com seu personagem muito mais do que as meras afeições religiosas que um indivíduo poderia cultivar sozinho. Existia naquela maneira de vivenciar a fé cristã uma estreita afinidade com a igreja de Cristo que cativou definitivamente Kuyper. Tudo isso fez a conversão de Kuyper não se limitar a uma experiência individualista no interior de um quadro de afeições religiosas alienadas da vida em igreja. Uma vez mais ficou evidente que nosso jovem pastor foi alcançado por Jesus ao mesmo tempo em que foi lançado no interior da igreja e em todas as suas questões circundantes.

Por fim, o terceiro evento que Kuyper compreende ser constitutivo para sua verdadeira renovação espiritual não poderia ser diferente dos demais. Este também se refere à igreja, mas agora a uma congregação local específica: trata-se do seu primeiro pastorado, na igreja rural de Beesd. Localizada em Gelderland, esta comunidade teve Kuyper como seu pastor apenas entre julho de 1863 até novembro de 1867. Entretanto esse período foi suficiente para marcar

---

[18]KUYPER, op. cit., p. 54.

INTRODUÇÃO   41

profundamente o jovem ministro. Tratava-se de uma igreja em uma zona rural da Holanda, formada praticamente por agricultores iletrados e, à primeira vista de Kuyper, "fanáticos". Esse estranhamento entre os membros da igreja e o seu novo pastor não era resultado apenas da diferença de contextos de cada um deles. Na verdade, o próprio Kuyper, olhando retrospectivamente, nos diz porque aqueles dias foram tão paradoxais: "com o conhecimento da Bíblia que eu havia recebido na Universidade, eu não conseguiria mensurar aquele povo simples", isso porque a própria relação com a Bíblia que os habitantes de Beesd mantinham estava longe do liberalismo teológico de Leiden, "e não apenas conhecimento bíblico, mas uma cosmovisão cristã bem ordenada de estilo Reformado tradicional".[19]

Em síntese, a situação que Kuyper se encontrava era a de um pastor recém-formado no pior cenário que a teologia liberal poderia lhe oferecer, sendo enviado para pastorear uma igreja de gente simples, mas profundamente fiel às Escrituras e, além disso, com uma forte visão de mundo reformada. Os Cânones de Dort, o Catecismo de Heidelberg e vários outros símbolos de fé da teologia reformada eram os fundamentos que pautavam a vida dessa pequena igreja rural. Tudo isso era muito estranho aos ouvidos modernos de Kuyper e, consequentemente, esse choque produziu vários estranhamentos entre eles.

Um dos mais emblemáticos desafios que Kuyper teve em sua pequena congregação foi a irmã Pietje Baltus, que era membro da igreja, mas estava decidida a se manter afastada desde que ficou sabendo do novo pastor local. Ela

---

[19]KUYPER, op. cit., p. 55.

42   O PROBLEMA DA POBREZA

presumia que Kuyper era apenas "mais um destruidor de igrejas meio-crescido, meio-comprometido, meio-preparado e meio-avoado".[20] E isso era compreensível. Ela sabia o que a Universidade de Leiden e as Igrejas Reformadas da Holanda estavam produzindo, em se tratando de pastores. Kuyper tentou algumas vezes visitá-la, mas ela não estava disposta a recebê-lo:

> Quando Kuyper perguntou sobre os motivos de seu afastamento, ela respondeu abertamente: pelo fato de ele não pregar a Palavra de Deus genuína. Ela se empenhou, então, a demonstrar a Kuyper, seu pastor perseverante, que ele não se atentava às Escrituras sagradas e às confissões de fé reformadas. Kuyper relata que ele travou várias dessas "discussões" com ela e outros membros desse grupo, incluindo o diretor da escola local. Nestas circunstâncias, ele sentiu a presença de uma igreja que havia resistido ao teste de séculos. Nesse povo simples, ele encontrou uma poderosa fé cristã, uma convicção séria e uma "cosmovisão bem ordenada" do tipo que jamais havia encontrado antes. Eles o constrangeram a optar entre a "graça plenamente soberana", como diziam, e a saída de emergência do livre pensamento que ele deixava aberta para si mesmo.[21]

Esse é apenas um dos melhores exemplos do tipo de experiência que Kuyper vivenciou em Beesd. Deus utilizou os membros simples de uma igreja rural no interior da Holanda para chamar Kuyper da rebeldia à consciência. À medida que Kuyper seguia pregando, visitando e ouvindo os membros

---

[20]KUYPER, op. cit., p. 59.
[21]HENDERSON, op. cit., p. 132-133.

de sua igreja, ele percebia o quão longe estava da vida cristã vivenciada por aquela comunidade. Além disso, as leituras das confissões de fé reformadas e das obras de João Calvino tocavam paulatinamente a vida do jovem pastor. Era impossível permanecer estagnado no cinismo teológico de Leiden diante de tudo o que ele estava vivenciando.

Ele mesmo conta que, nesses dias, seu esforço era duplo: "é claro que eu fiz o meu melhor para manter minha honra ministerial, apesar de eu mesmo estar muito mais inclinado a ouvir do que falar durante aqueles encontros".[22] A própria senhora Baltus se tornou uma grande amiga de Kuyper, acompanhando sua trajetória por toda vida – mesmo discordando às vezes de seu ativismo político exacerbado. Enfim, não havia dúvida de como Deus utilizou aquela igreja para consolidar a obra que estava fazendo no coração de Kuyper desde suas leituras de Calvino e Lasko até o romance de Young. Aquela igreja tinha um significado imenso em sua trajetória: "sua incessante perseverança tornou-se uma bênção para o meu coração, o alvorecer da estrela da manhã na minha vida".[23]

Por tudo isso, não existe conclusão diferente do que a que já foi afirmada aqui: a conversão de Kuyper está alinhada estreitamente com seu ofício de reformador da igreja. Ele mesmo conclui o relato desse período de sua vida dessa forma: "para o meu próprio bem e para o dos outros, a restauração da igreja, que deve ser nossa Mãe, tem sido o alvo de minha vida". Apesar de muitos críticos de Kuyper, já durante o período em que ele estava vivo, acusarem-no de interesses escusos e não espirituais em relação ao seu envolvimento

---

[22]KUYPER, op. cit., p. 56.
[23]Ibid.

com a igreja, ele garante o contrário: "minha visão da igreja é, portanto, matéria de convicção".[24] Mais do que isso, Kuyper continua argumentando para deixar explícito o lugar que a própria questão da igreja tem para sua abordagem evangelista e apologética. De maneira geral, para ele, a rebeldia de muitas pessoas em relação aos assuntos do reino de Deus, de uma forma ou de outra, termina na questão da igreja. Nas suas próprias palavras: "desde que estas pessoas abram seus corações suficientemente, acredito que, em muitos casos, eu posso apontar para um desvio na primeira fase de sua vida espiritual que leva a um conceito divergente sobre o lugar da igreja".[25]

Ademais, é necessário destacar aqui, antes de terminar o presente subtópico, mostrando como a questão da igreja não é um episódio isolado na vida de Kuyper, mas, antes, refere-se ao tema maior da obra que o leitor tem em mãos. Diferentemente do que estamos acostumados a pensar, a experiência eclesiástica de Kuyper não foi alienada das lutas de classe e das causas envolvendo as necessidades dos mais pobres e vulneráveis. Sem precisar forçar um lugar que esses temas não têm no interior da vida e da obra de Kuyper, é muito simples perceber como o reformador holandês sempre esteve conectado com a "gente pequena" [*kleine luyden*] holandesa. Além do próprio Kuyper ser oriundo de uma família bastante simples da sua sociedade, sua conversão e primeiros anos de serviço à igreja de Cristo foram em um contexto marcado pelas lutas das classes desfavorecidas de sua nação. Kuyper simplesmente foi o pastor de uma igreja rural precisamente no início do período de maior

---

[24]Ibid., p. 61.
[25]Ibid., p. 61.

industrialização da sociedade holandesa, que colocaria os povos do campo em situação de maiores vulnerabilidades. Quem já havia observado esse ponto foi, uma vez mais, Henderson quando faz uma avaliação geral do período de Kuyper em Beesd:

> Há várias coisas notáveis sobre essa história. Em primeiro lugar, os habitantes da Holanda Rural (na região de Betuwe) ensinaram ao seu futuro líder algumas importantes lições. Em segundo lugar, essa experiência consolidou sua afinidade com eles, o "povo pequeno", que havia de se tornar seus mais fiéis apoiadores. O vínculo entre eles e Kuyper foi uma fonte de fortalecimento e encorajamento mútuos e, assim, permaneceu no decorrer de sua longa carreira de pregador, professor e líder nacional. Em terceiro lugar, a afinidade com a comunidade rural indouta não consistiu apenas em uma ligação externa; antes, criou raízes na personalidade, no estilo e na fé de Kuyper. Ele estava disposto a aprender de pessoas incultas que possuíam uma convicção oriunda das Escrituras e da sabedoria proveniente da vida. Elas lhe ofereceram mais que os doutos teólogos da universidade.[26]

Não podemos subestimar o impacto de pessoas muito simples na vida e na obra de Abraham Kuyper. Não estamos falando de um pastor recém-formado na universidade liberal que, posteriormente, tornou-se ativista político das minorias. Na verdade, foi o contrário: a teologia morta que aprendeu em Leiden foi testada e reprovada na comunidade calvinista pobre do interior da Holanda. Sua trajetória até a primeira

---

[26]HENDERSON, op. cit., p. 133.

casa do Parlamento foi construída a partir de uma renovação total na compreensão do evangelho que já era crido em Beesd. Isso nos ensina muito. A frutificação do trabalho de Kuyper durante sua vida e a vitalidade de sua teologia após sua morte se devem a uma habilidade singular que o reformador teve de manter-se alinhavado com as lutas cotidianas das pessoas comuns.

Essa habilidade foi uma modificação fundamental introduzida por Kuyper no interior dos projetos e dos movimentos socioculturais que já estavam em operação na Holanda antes de Kuyper tornar-se uma figura pública. Na próxima seção, falaremos um pouco mais sobre o Movimento Antirrevolucionário e seu principal articulador, o historiador e político holandês Guillaume Groen van Prinsterer. Entretanto, é importante adiantar algo que um outro kuyperiano contemporâneo nos ensina sobre essa modificação empreendida por Kuyper. O cientista político canadense David T. Koyzis nos chama atenção para o fato de que – enquanto Prinsterer tinha sua presença pública alinhada com as tendências conservadoras, aristocráticas e românticas do passado de ouro da Holanda – Kuyper "foi capaz de combinar o calvinismo ortodoxo com um foco político mais progressista, defendendo os direitos da kleine luyden, a 'gente pequena', que ainda era excluída da participação ativa no corpo político".[27] Essa manobra ficou evidente, por exemplo, na luta de Kuyper para a extensão do sufrágio universal. Tal questão era tão controversa, mesmo entre os cristãos, que foi a responsável de separar o Partido Antirrevolucionário

---

[27]KOYZIS, David T. *Visões e Ilusões Políticas: uma análise e crítica cristã das ideologias contemporâneas*. Trad. Lucas G. Freire. São Paulo: Edições Vida Nova, 2014, p. 274.

de um novo partido, a Christelijk-Historische Unie [União Histórico-Cristã]. Este último, sob a liderança de Alexander F. De Savornin Lohman, mantinha tendências muito mais aristocráticas do que as tentativas kuyperianas de incorporar a gente pequena holandesa nos processos políticos mais amplos.

Tal especificidade no pensamento teológico de Kuyper precisa ser compreendida à luz de seu contexto eclesiológico. Kuyper estava profundamente comprometido com as questões sociais de seu tempo por causa da igreja. Ele não instrumentalizou a cristandade para seu projeto de poder. Diferentemente do que costumam acusar o neocalvinismo, nas raízes da abordagem kuyperiana das questões sociais, existem convicções eclesiológicas profundas – e não um projeto de poder marcado por uma postura colonizadora.

Essa combinação singular de ortodoxia calvinista com um foco social de defesa e promoção de direitos das camadas excluídas da participação política nos forneceu tanto um tipo de política mais progressista – diferente das vertentes que temos à nossa disposição ainda hoje –, como também uma maneira renovada de afirmar o calvinismo na esfera pública. Kuyper não sintetizou simplesmente princípios políticos progressistas com teologia calvinista ortodoxa. Em vez disso, ele empreendeu uma renovação das práticas públicas envolvendo as lutas da "gente pequena" holandesa através de uma afirmação do calvinismo como visão de mundo e de vida [levens-en wereldbeschouwing]. Cada uma das questões sociais e das necessidades das comunidades vulneráveis da Holanda foi repensada no interior do quadro teórico e prático da teologia calvinista. A ortodoxia teológica tinha condições de permanecer alinhada com a vida cotidiana das pessoas mais simples, como também tornar-se a poderosa

48 O PROBLEMA DA POBREZA

mola propulsora da glória de Deus na vida e trabalho originário dos cristãos.[28] Essa marca, que sempre desperta interesse no kuyperianismo, é uma força aprendida com Kuyper na vivência diária com as camadas mais desfavorecidas da sociedade civil holandesa. E é justamente essa manobra que ainda desperta em nós as condições de pensarmos inúmeras ações em nossa própria contemporaneidade.

3. A Luta por uma Igreja Livre: Kuyper como Reformador

Uma das características mais marcantes de Abraham Kuyper era sua sensibilidade às dinâmicas e às mudanças sociais. Isso fez com que sua trajetória pessoal pudesse ser enxergada como um movimento centrípeto: iniciando nas margens da sociedade rural holandesa em direção ao epicentro do poder político e cultural de seu país em Amsterdã. Essa perspectiva não significa uma modificação constante de preocupações e projetos – como se Kuyper tivesse começado ocupando-se com a igreja para, então, tornar-se um militante das causas sociais da gente pequena de seu país. Na verdade, o que temos é uma coerência interna que pode ser devidamente observada em várias declarações do reformador holandês. Pense, por exemplo, no famoso trecho de seu discurso inaugural da Universidade Livre de Amsterdã, Soberania em sua própria esfera (1880): "não existe um centímetro quadrado em todo o domínio de nossa existência humana o qual Cristo, que é soberano sobre tudo, não possa dizer: é meu!".[29] Aqui

---

[28]Cf. LANGLEY, M. R. *The Pratice of Political Spirituality: episodes from public career of Abraham Kuyper.* Jordan Station: Paideia Press, 1984, p. 14ss.
[29]KUYPER, A. *Sovereignty in its our sphere.* In; BRATT, James. *Abraham Kuyper: A Centennial Reader.* William B. Eerdmans Publishing Co., 1998, p. 461.

fica explícita essa compreensão tipicamente kuyperiana sobre a conexão orientada de maneira divina de todos os domínios da vida que alguém, como ele, poderia envolver-se.

Ao comentar esse trecho, o professor de história da igreja, James Edward McGoldrick, ajuda-nos a observar o mesmo padrão mencionado no final da seção anterior:

> Ao fazer essa declaração, Kuyper comprometeu-se, juntamente com seus colegas, a operar a única verdadeira universidade cristã da Europa orientada pelo princípio de que toda a verdade é verdade de Deus e de que toda área dos esforços humanos deve submeter-se a Cristo, o Rei dos Reis. Kuyper fundou a Universidade Livre com o objetivo maior de promover a reforma da igreja e da sociedade, isto é, para alcançar a "restauração da verdade e santidade em lugar do erro e do pecado".[30]

Restauração da verdade e da santidade em que o erro e o pecado dominavam os esforços humanos. Essa era a compressão ampla de reforma da sociedade, empreendida por Kuyper, mas que partiu, fundamentalmente, da sua reforma da Igreja. Todavia, mesmo sendo um esforço, nascido das necessidades da igreja, Kuyper procedeu de uma forma eminentemente diferente. Em vez de se preocupar apenas com as questões intramuros da política eclesiástica, o pastor holandês sabia que uma série de instituições sociais e artefatos culturais era necessária para amparar o novo tempo de restauração e reforma da Igreja – como,

---

[30]MCGOLDRICK, James Edward. *Every Inch for Christ: Abraham Kuyper on the Reform of the Church*. In: BISHOP, Steve; KOK, John (eds). *On Kuyper: a collection of readings on the life, work and legacy of Abraham Kuyper*. Dordt College Press, 2013, p. 75.

O PROBLEMA DA POBREZA

por exemplo, uma nova universidade onde futuros pastores pudessem estudar teologia livres do engodo liberal e dos prejuízos ideológicos.

Diante de tudo isso, precisamos colocar todos esses esforços de Kuyper no contexto maior das transformações políticas e eclesiásticas que a Holanda estava sofrendo. Precisamos nos lembrar de que, alguns anos antes, em 1814, o domínio francês de Napoleão Bonaparte chegou ao fim no território holandês. O príncipe William de Orange retornou à Amsterdã, depois de 18 anos de exílio, além de que a antiga república holandesa foi desfeita, possibilitando que o território saísse do controle napoleônico e se tornasse uma monarquia constitucional – principalmente pelas ações do Congresso de Viena (1814-1815). Nesse contexto de restauração, o novo rei da Holanda afirmou-se com punho de ferro e marcou seu período no poder com um comando centralizador e uma liderança altamente autoritária sobre vários aspectos da sociedade civil, incluindo as Igrejas Reformadas Holandesas. Quanto às intervenções do monarca na Igreja, somos informados que:

> Desde que o rei endossou a prevalecente teologia liberal, ele utilizou as agências do Estado para promover a Igreja mais ampla, de modo a abarcar todos os protestantes sem se preocupar com doutrinas. Um Sínodo Nacional tinha autoridade final sobre os assuntos da Igreja Reformada, mas ele permanecia em seção apenas duas semanas por ano, e o rei poderia vetar suas decisões. Um departamento de Estado para Culto Reformado controlara o comitê executivo do Sínodo.[31]

---

[31]Ibid., p. 76.

Essa postura do governo foi duramente resistida pela ala conservadora das igrejas holandesas. Além disso, um fato importante que contribuiu para esse explícito favorecimento da teologia liberal por parte das estruturas estatais ser recebido com protestos foi o *Réveil* [Despertamento] que mencionamos anteriormente. Apesar de ter sido um avivamento bastante evangélico e não, especificamente, reformado, vários pastores das Igrejas Reformadas Holandesas sentiram-se motivados a protestar contra o espírito teológico da época – o que auxiliou a teologia calvinista tornar-se novamente uma alternativa viável no território holandês. Um importante nome nesse período foi o do pastor Hendrick de Cock (1801-1842). A história de Cock é semelhante à de Kuyper. Também havia sido educado no pior que a teologia liberal poderia oferecer na Universidade de Groningen, até que se tornou pastor e foi enviado para uma igreja cuja membresia era formada de discípulos de Cristo ortodoxos. Eles ajudaram o seu novo pastor a conhecer os Cânones de Dort e as Institutas da Religião Cristã, de João Calvino. Tudo isso modificou consideravelmente a pregação de Cock e sua forma de pastorear a igreja.

Esse ex-teólogo liberal também foi impactado pela renovação teológica do seu tempo e se tornou um pregador da necessária reforma da igreja, incentivando os membros das Igrejas Reformadas Holandesas a deixarem suas igrejas liberais antes que aquela teologia os matasse espiritualmente. Essa migração em massa – não só de membros, mas de congregações inteiras das igrejas estatais – ficou conhecido como a *Afscheiding* [Secessão] de 1834. Essa divisão gerou uma nova denominação chamada *Christelijke Gereformeerde en Nederland* [Igrejas Cristãs Reformadas na Holanda], as quais tiveram seu primeiro sínodo em 1836.

O PROBLEMA DA POBREZA

Obviamente o governo não recebeu com bons olhos essa cisão que, no caso específico, não era um mero assunto religioso, mas também de desobediência civil. A mando do rei, vários soldados fizeram buscas e investigações em cidades como Virum e Appeldorn para oprimir os cidadãos que apoiavam a *Afscheiding*, sob a falsa fundamentação que a lei de liberdade religiosa não se aplicava a eles. Foi justamente nesse período que um número considerável de cristãos reformados migrou para a América onde poderiam desfrutar de liberdade religiosa. Nos EUA e no Canadá, fundaram as Igrejas Cristãs Reformadas na América, uma denominação que estava em concordância com a *Afscheiding*. Além disso, foram esses migrantes os responsáveis por compartilhar muito da herança teológica holandesa na parte norte da América – fundando, por exemplo, o Calvin College em 1876.[32] No Brasil, a presença da igreja reformada de origem holandesa aconteceu muitos séculos antes e, no segundo período migratório de holandeses para a América, a coroa portuguesa havia fechado os portos brasileiros para não receber nenhuma influência estrangeira, especialmente holandesa – uma grande pena para a igreja brasileira.[33]

Perseguições como essas aos protestantes ortodoxos continuaram, de maneira irregular, até a ascensão do rei Williem II, em 1844. Pouco antes disso, quem estava em ativa manifestação apoiando os protestos contra o governo era o jurista, historiador e primeiro mentor político de Kuyper, Guillaume Groen van Prinsterer (1801-1876). Van Prinsterer era filho de um conselheiro de Estado e membro de uma

---

[32]Cf. WELLS, David F. (ed.). *Reformed Theology in America: a history of it modern developments*. William B. Eerdmans Publishing Co., 1985, p. 135.
[33]SCHALKWIJK, Frans Leonard. *Igreja e Estado no Brasil Holandês: 1630-1654*. São Paulo: Sociedade Religiosa Edições Vida Nova, 1986, p. 429.

família de antigas raízes na aristocracia holandesa. Isso fez ele seguir uma carreira natural na política, ocupando cargos importantes como os de secretário de gabinete (1829-1836), membro da Câmara de Revisão Constitucional (1840) e membro da Segunda Câmara por três mandatos (1849-1857, 1862-1866). Entretanto, à revelia de ter se mantido como servidor do Estado e, até mesmo, membro das Igrejas Reformadas Holandesas, ele nunca deixou de manifestar seu protesto com o estado espiritual daquele governo. Ele incentivava os membros das congregações de sua igreja a exigirem dos pastores e líderes fidelidade aos símbolos históricos de fé reformada. Sua militância através de articulação política e publicação de livros foi importantíssima para o surgimento do Movimento Antirrevolucionário – que futuramente transformaria-se no primeiro partido democrata protestante do mundo, sob a liderança de Kuyper.

Foi no interior de toda essa efervescência político-teológica que o ministério pastoral de Kuyper se desenvolveu. Ele entrou em contato com a principal obra de van Prinsterer, *Ongeloof en Revolutie* [Descrença e Revolução], de 1847, e ali começou a aprender o que significava, de maneira genuína, uma prática pública em conformidade com os princípios da fé cristã. O professor do Westminster Theological Seminary, na Filadélfia, McKendree R. Langley, consegue mostrar exatamente qual foi a contribuição que a leitura de van Prinsterer trouxe: "Kuyper viu que Groen estava correndo para sustentar que a única verdadeira alternativa para essa descrença prática [na vida pública] era o Evangelho de Cristo. As verdadeiras normas para a humanidade vêm da soberania do Deus da Bíblia, e não da soberania da vontade popular. Por isso, Kuyper corretamente realizou o que Groen chamava de alternativa cristã para a descrença secular em todas as áreas da vida, com o objetivo de ser fiel a Deus e fazer justiça com todo ser humano".[34]

Kuyper permaneceu como pastor da pequena congregação de Beesd até 1867. Em seguida, recebeu o convite de pastorear a Domkerk de Utrecht, uma catedral muito mais imponente, de uma cidade universitária que não tinha quase nada a ver com a pacata Beesd. James Bratt nos lembra de que: "Utrecht foi a Jerusalém do calvinismo conservador holandês, e alguns desses eminentes representantes foram os que maquinaram para Kuyper ser nomeado para sua venerável igreja na praça da cidade, em 1867".[35] Entretanto, ao chegar lá, Kuyper rapidamente percebeu a diferença entre ele e seus presbíteros. Eles insistiam em sentimentos conservadores, mas não eram conservadores o suficiente no que diz respeito à definição doutrinária. Estavam muito mais preocupados com a preservação de usos e costumes que apontavam para os dias de glória vividos no passado do que com a renovada apresentação da fé reformada aos desafios de sua época. Eles encarnavam a melhor definição de tradicionalismo: a fé morta dos vivos.

Kuyper permaneceu naquela cidade durante três anos, pregando, ensinando e militando contra aquele sentimentalismo conservador que não conseguia trazer nenhuma resposta para os dias difíceis que a Holanda vivia após o Revèil e a *Afscheiding*. Basicamente, a mensagem do jovem pastor, bastante explícita no último sermão que proferiu ali em 1870, era de que aquela época de ouro do conservadorismo calvinista de estilo utrechtiano passou. Os novos tempos exigiam

---

[34]LANGLEY, McKendree R. The Political Spirituality of Abraham Kuyper. In: BISHOP, Steve; KOK, John (eds). op. cit., p. 66.
[35]BRATT, op. cit., p. 65.

INTRODUÇÃO 55

uma nova postura, a saber: distinguir o que é realmente central e está no coração da fé cristã ortodoxa, bem como abrir mão de qualquer saudosismo tradicionalista que impedisse o cristianismo de se mostrar relevante aos cidadãos da época. Nas palavras do próprio Kuyper, conservadorismo e ortodoxia não eram a mesma coisa, e a igreja precisava decidir entre a falsa e a verdadeira preservação do núcleo da fé cristã:

Como alguns de vocês se lembram, isso concerne à questão da igreja. Eu falei sobre isso; em minha opinião, esse é o primeiro problema do dia. Eu argumentei contra a visão de que esse problema toca apenas nossa fé... Gradualmente recorrendo a uma espiritualidade confusa que vaporiza tudo, as pessoas têm sempre mais insistentemente chamado para a aparência do cristianismo com formas firmes, e através de uma luta envolvendo eleições da igreja, propriedades da igreja, e o batismo da igreja, demandas que têm colocado uma urgência crescente para o nosso aparato eclesial ainda que nos lance para longe da igreja de Cristo ou dissolva e desapareça com ela de cena. Fora da esfera institucional da igreja, esse problema tem repercussões poderosas em tudo ao redor. Políticos do alto escalão e os formadores de opinião pública tiveram que perceber cada vez mais que, com o renascimento da fé, a igreja novamente teve que ser levada em consideração. Acima de tudo, os anos estéreis atrás de nós, ainda que eles tenham refletido terrivelmente na influência de um vácuo denominacional, devidamente não dizem nada a respeito da influência da igreja vital... Uma igreja sem vida, sem o espírito de Cristo e sem conseguir incorporar a mente de Cristo perdeu sua influência. Mas agora, agora que o segundo vínculo foi intensamente relaxado e praticamente rompido, agora que o espírito de Cristo tem reaparecido,

O PROBLEMA DA POBREZA

unido novamente com uma igreja nova e livre, agora aqueles que têm a esperança de Cristo e têm o temor de Cristo, desenvolveram um novo poder... Conservadorismo e ortodoxia, termos que são normalmente confundidos, precisam ser nitidamente distinguidos hoje.[36]

Uma vez mais fica evidente, nas palavras de Kuyper, como a questão da igreja não era um assunto de foro íntimo e que tangencia apenas a fé individual das pessoas. Paulatinamente, um conservadorismo morto foi ocupando-se com a preservação das propriedades, das burocracias e dos hábitos tradicionais das igrejas e se esqueceu do núcleo vital da fé cristã. Para os novos tempos de mudanças sociais velozes e impiedosas, bem como com a pressão do governo e da cultura contra os discípulos fiéis ao Senhor Jesus, somente uma igreja que encontrasse sua força na tradição dos apóstolos em vez do tradicionalismo dos anciãos conseguiria não ser engolida pelo tempo. A luta contra o modernismo no interior da teologia exigiria muito mais do que um mero apego às tradições e às rotinas da vida eclesiástica. Uma igreja genuinamente viva precisava afirmar-se livremente na sociedade civil holandesa.

Essa foi a principal razão que fez Kuyper se mudar de Utrecht rumo à Amsterdã, para ocupar *De Nieuwe Kerk Amsterdam* [Nova Igreja (Reformada) de Amsterdã], a congregação que seria, com certeza, o ponto nevrálgico que seu ministério pastoral atingiria. Podemos considerá-la como a Abadia de Westminster da Holanda – onde os soberanos da Casa de Orange foram coroados. A cidade, mais do que qualquer outra, estava tomada pelo modernismo, enquanto

---

[36]KUYPER, A. *Conservatism and orthodoxy*. In: BRATT, op. cit., p. 67-69.

uma visão de mundo e de vida; mas, ao mesmo tempo, ali era o lugar perfeito para Kuyper pregar para o maior número de pessoas possível. Em especial, sua audiência era formada pelas classes sociais mais baixas, fazendo sua influência em Amsterdã ser construída de baixo para cima.

Além disso, um importante empreendimento foi realizado por Kuyper um ano após sua chegada em Amsterdã. Trata-se de um jornal semanal que começou a ser editado, o *De Heraut* [O Arauto]. Essa mídia transformou-se em um instrumento privilegiado para que as ideias de reforma eclesiástica e cultural pudessem atingir um número amplo de pessoas da maior cidade da Holanda. O lema do periódico era: "O Arauto de uma Igreja livre e de uma Escola Livre em uma Holanda livre". A demanda por difusão de conteúdo era tamanha que no ano seguinte, em 1872, um novo periódico começou a ser editado. Em vez de terem edições semanais, o novo jornal chamado *De Standaard* [O Estandarte] tinha tiragem diária! Como o editor-chefe de ambas as publicações, Kuyper escreveu editoriais durante quarenta e sete anos ininterruptos (1872-1919)! Rapidamente ele alcançou um público nacional, ganhando fama de ser o principal órgão de difusão da ortodoxia reformada.

Cada um desses novos artefatos culturais que eram produzidos para afetar a sociedade civil holandesa produziu uma nova necessidade que se mostrou incontornável: a formação do Partido Antirrevolucionário. Enquanto um movimento, as articulações antirrevolucionárias já existiam há anos, principalmente com a atuação de Groen van Prinsterer. Entretanto, o que estava acontecendo aqui era a criação de um instituto social fundamental para a formação das condições sociais mínimas de uma igreja totalmente livre dos ditames teológicos e governamentais, como também do amadurecimento

O PROBLEMA DA POBREZA

da sociedade civil holandesa a partir dos parâmetros cristãos de soberania e ordenamento social. Inicialmente, tanto Groen quanto Kuyper tinham em mente as instituições educacionais do país para serem livres das influências dos valores iluministas. Entretanto, as causas pontuais – tais como as escolas, a igreja e os valores da sociedade civil – precisavam de uma estrutura institucional mais rica para abrigar as várias iniciativas públicas e artefatos culturais que estavam sendo produzidos, desde as pregações, passando por palestras, eventos e até mesmo publicações periódicas.

Ao explicar os objetivos de cada uma dessas novas estratégias de Kuyper e seus companheiros, James E. McGoldrick diz o seguinte:

> O objetivo específico de Kuyper foi abolir o sistema sinodal das igrejas do governo que, desde 1816, estava afundando as congregações locais tirando sua autonomia. Ele acreditava que apenas uma igreja livre do controle estatal poderia reformar a si mesma e, assim, recuperar suas antigas características. Portanto, ele convocou um vigoroso evangelismo em paralelo aos esforços de alcançar liberdade para as congregações. Nesse tempo (1873), ele estava ainda otimista com o sucesso de sua empreitada de reformar a Igreja Reformada da Holanda. Em Amsterdã, ele reuniu os líderes da igreja para combater as tendências liberais da Igreja Nacional e foi capaz de colocar crentes ortodoxos em lugares de influência.[37]

Vejam como a reforma da Igreja levou a trajetória pastoral de Kuyper assumir dimensões públicas cada vez

---

[37]McGoldrick, James Edward. *Every Inch for Christ: Abraham Kuyper on the Reform of the Church.* In: BISHOP, Steve; KOK, John. op. cit., p. 78.

mais complexas. Claramente observamos aqui a ação transformadora em uma sociedade quando uma igreja se esforça em manter-se fiel. Essa abordagem, tipicamente kuyperiana, é muito diferente de outras propostas transformacionistas, pois não tem a militância social e política como um fim em si mesmo. A causa primeira é a igreja e a sinalização explícita dos valores do Reino de Deus em todos os domínios em que Cristo é soberano. As consequências são óbvias e incontornáveis: a sociedade experimenta amadurecimento e florescimento com a presença fiel de uma verdadeira igreja de Cristo. Essa sempre foi a luta de Kuyper. Posteriormente ele ficará conhecido como fundador de universidade, criador de uma nova denominação de igrejas, primeiro-ministro e militante político. Entretanto, por toda sua trajetória, a questão da igreja percorre sua vida como uma corrente elétrica iluminando e energizando cada um de seus empreendimentos.

Essa informação corrige tanto as caricaturas que são feitas de Kuyper como um teólogo da graça comum sem nenhum compromisso com as antíteses da pregação do evangelho, como também qualquer tipo de apropriação da figura histórica de ativista político para justificar ações públicas desvinculadas dos interesses da igreja local. Conhecer seus feitos sem entender suas motivações pode nos levar a uma interpretação equivocada do kuyperianismo.

4. Novos institutos sociais povoando as Esferas de Soberania

Será justamente essa abordagem que ainda hoje marca o que entendemos por kuyperianismo, que nos auxiliará a compreender a decisão que Kuyper tomou em 1874. Convicto de que as alianças e os institutos sociais necessários para que a

O PROBLEMA DA POBREZA

igreja de Cristo desfrutasse de uma vivência livre, fiel e ortodoxa, Kuyper abre mão de sua atividade exclusiva de ministro
da Igreja Nacional – apesar de ainda se manter como membro do consistório mais amplo de Amsterdã.[38] A prioridade
da sua agenda agora é tornar-se membro ativo do Partido
Antirrevolucionário para concorrer às próximas eleições. Foi
também nos anos de 1875 que ele ouve pela primeira vez a
ideia de criar uma universidade genuinamente cristã. Todas
essas ideias começam a fervilhar na mente, não só de Kuyper,
mas dos calvinistas membros do Partido que desejavam con-
cretizar os esforços que foram transformados no lema do
periódico De Heraut: uma Igreja livre, uma Escola Livre em
uma Holanda livre. O calvinismo de Kuyper o permite fazer
essas escolhas sem ser atacado pela falsa consciência de que
o ministério de pastor o faria mais ligado à questão da igreja
do que sua atuação política.

Comentando uma palestra que Kuyper proferiu em
várias universidades holandesas durante a comemoração
da constituição de 1848, Calvinismo: a fonte e a fortaleza
de nossas liberdades constitucionais (1874), James Bratt nos
diz o seguinte:

> Kuyper sempre insistiu que sua política era filosoficamente
> consistente, enraizada e orbitando em torno de princípios
> fixos. Mas um desses princípios diz respeito a um desen-
> volvimento histórico, e essa sua aula inaugural sobre teoria
> política calvinista mostra como o pensamento Kuyper era
> orientado historicamente. Às vezes ele encontra seus prin-
> cípios onde ele encontrou as conquistas dos seus correli-
> gionários, ou apenas associando com o que eles aprovariam.

---

[38] BRATT, James D. op. cit., p. xxvii.

Meramente colocar esses princípios em um sistema, atribuindo-os como princípios primeiros, não era suficiente para uma história mais sólida (haja vista a leitura que Kuyper faz do caso americano), não para uma firme filosofia política. Mas isso criava um argumento poderoso sobre o potencial progressivo do calvinismo, o que era sua intenção acima de tudo... Kuyper deseja que essas suas palestras fizessem alguns recrutas para a causa Antirrevolucionária e também para apostar em sua própria liderança. Para tanto, ele teve que mostrar a corrente calvinista com aspirações modernas. Para isso ele escolheu fazer através de uma virtude particular do calvinismo, a doutrina da eleição, contra os membros do seu partido que desejavam que que este tivesse uma base protestante mais genérica... A paixão de Kuyper pela questão da igreja informou suas discussões sobre o Estado mais do que ele poderia esperar... Kuyper teve que andar em uma precária corda bamba entre liberdade e ordem. E, para isso, ele se utilizou do calvinismo e muito do constitucionalismo.[39]

Apresentar o calvinismo com aspirações modernas é uma curta, mas bastante significativa, definição do que entendemos ser o neocalvinismo. Toda a vida pessoal, ministerial e pública de Kuyper foi marcada pela redescoberta das doutrinas da graça, segundo a formulação teológica do calvinismo. Isso fez com que Kuyper não aceitasse uma apresentação de suas ideias na esfera pública como algo marcado apenas por um protestantismo genérico. Ele estava convicto de que o calvinismo era a melhor maneira de responder às questões, não do tempo dos reformadores, mas também da

---

[39]BRATT, James D. op. cit., p. 279-280.

modernidade. Esse segundo aspecto é justamente o que faz de toda a contribuição de Kuyper ser chamada de neocalvinista. O teólogo holandês não estava interessado apenas em repetir Calvino, mas de fazer do calvinismo uma fonte de princípios para cada uma das esferas da vida contemporânea. Junto com van Prinsterer e outro gigante da teologia calvinista chamado Herman Bavinck (1854-1921), Kuyper fez do calvinismo uma alternativa genuína a todas as tendências modernistas de seu tempo. Essa posição fica explícita, por exemplo, em seus escritos mais conhecidos: as Palestras Stone sobre o Calvinismo (1898). Ali ele não aborda o tema da cosmovisão cristã de uma forma genérica – chamando apenas de "cristã". Ele diz com todas as letras que: "encontrei e confessei, e ainda sustento, que esta manifestação do princípio cristão nos é dada no calvinismo. No calvinismo, meu coração tem encontrado descanso. Do calvinismo, tenho tirado firme e resolutamente a inspiração para assumir minha posição no auge deste grande conflito de princípios".[40]

Todo esse tempo de trabalho em Amsterdã também foi marcado por um episódio lamentável na trajetória de Kuyper. Em 1876, ele enfrentou seu segundo colapso nervoso. Ele precisou ficar totalmente parado durante quase todo aquele ano. Ele viajou, convalescente, para o sul da Europa, buscando descanso mental nas trilhas das montanhas dos Alpes. Foi nesse ano também que G. G. van Prinsterer faleceu. O movimento Antirrevolucionário perdeu seu grande fundador e agora tinha em Kuyper sua figura mais proeminente. O período de descanso e tratamento de sua saúde foi, ao mesmo tempo, uma preparação para anos ainda mais intensos que estavam pela frente.

---

[40]KUYPER, A. Calvinismo. São Paulo: Cultura Cristã, 2003, p. 19.

O retorno às atividades públicas foi marcado por uma iniciativa que determinaria os rumos do restante da vida de Kuyper. Nos anos de 1877 e 1878, ele escreveu uma série de artigos que foram publicados no De Standaard e compilados sob o título de Nosso Programa: um manifesto político cristão (1878). Esses escritos sobre teoria política calvinista se tornaram, literalmente, o programa do Partido Antirrevolucionário. Nessa obra, Kuyper apresenta, de maneira definitiva, o cristianismo como alternativa para a política secular de seus dias. Uma das principais teses presentes é a da necessária separação entre Igreja e Estado – fazendo jus a nossa hipótese sobre a questão da igreja como coluna vertebral dos esforços kuyperianos. Apesar de sua simbiose prejudicial entre Igreja e Estado, Kuyper acreditava que elas poderiam até ser cobeligerantes em uma série de causas para o bem público da sociedade, mas sempre operando em esferas diferentes e independentes uma das outras. Ainda hoje essa obra é fundamental para todos aqueles que pretendem fazer da fé cristã ortodoxa um fundamento legítimo para a prática política.[41] E o mais interessante na natureza desse livro é que ele foi publicado inicialmente como uma série de artigos em um jornal de circulação popular. Uma vez mais fica explícito que Kuyper não era um teórico político alienado do seu povo em uma torre de marfim. Grande parte de seus escritos foram apresentados para os trabalhadores holandeses das classes mais vulneráveis de sua época.

Os anos seguintes também foram marcados por importantes conquistas do Partido Antirrevolucionário em um de seus braços centrais: a questão educacional. Em primeiro

---

[41]KUYPER, A. *Our Program: Our Program: A Christian Political Manifesto.* Abraham Kuyper Collected Works in Public Theology. Lexham Press, 2015.

lugar, em 1878, Kuyper deu um passo importante na histórica *De Schoolstrijd* [a Luta da Escola]. Essa luta envolvendo as instituições educacionais foi um conflito social na Holanda entre 1848 até 1917 sobre a equalização do financiamento público para escolas religiosas. O papel de Kuyper foi fundamental para essa luta, deixando marcas que permanecem até hoje na política educacional da Holanda.

Basicamente a questão era a seguinte: desde 1806, o governo já tinha uma lei que previa o ensino das "virtudes cristãs" em todas as escolas públicas da Holanda. Entretanto, van Prinsterer e todo o movimento Antirrevolucionário achavam essa medida insuficiente – principalmente quando o governo em questão estava alinhado com uma Igreja Nacional altamente liberal em sua teologia. Parte da solução veio através da nova constituição de 1848 que previa liberdade educacional para instituições que não eram estatais. No entanto, foi em 1876 que um novo projeto de lei fez Kuyper e seus correligionários protestarem veementemente. Uma vez que a constituição de 1848 se silenciava sobre o financiamento público dessas escolas as quais tinham liberdade de organizarem-se, uma brecha foi deixada. Essa lacuna abriu espaço para que Kappeyne van de Coppello – um político de orientação liberal e, naquele momento, primeiro-ministro da Holanda – apresentasse um projeto que encarecia muito os cursos da educação. A consequência dessa medida era que os protestantes e católicos mais pobres – novamente, a gente pequena holandesa – fossem privados de enviar seus filhos para escolas que já não seriam mais financiadas pelo Estado. Claramente, era uma proposta de diminuição da presença estatal nos assuntos educacionais.

A proposta de Coppello gerou uma antítese aguda entre os partidos liberais seculares e os confessionais – que na época, além do Antirrevolucionário, também existiam a União Geral Católica e a União Histórico-Cristã. Os confessionais estavam a favor da assimilação das instituições educacionais livres, mesmo que essas fossem dependentes de ajuda do governo para se manterem. O recebimento dessa ajuda garantiria que as comunidades confessionais dentro da sociedade civil mantivessem sua liberdade e autonomia. Tanto a ala liberal quanto a socialista tentaram proteger a posição financeira privilegiada das escolas públicas e, por isso, foram tão radicalmente contra o financiamento público de escolas religiosas. Kuyper foi uma figura pública importantíssima para esse momento da história de seu país, pois foi ele quem fez uma petição para o rei Willem III (1817-1890) não assinar a proposta educacional de Kappeyne. A petição do Partido Antirrevolucionário foi assinada por mais 300 mil protestantes – além de mais de 100 mil assinaturas oriundas de católicos romanos.

A solução final desse conflito, entretanto, só chegou em 1917 quando o governo finalmente entendeu que a solução era a de separar escolas do Estado e o financiamento passar a ser feito de maneira igualitária – tanto para escolas públicas quanto para as privadas. Essa medida foi gravada no importante artigo 23 da Constituição Holandesa que garantiu liberdade educacional para as diferentes comunidades confessionais da sua sociedade civil. Um dos resultados naturais e imediatos foi a aparição de uma série de escolas baseadas nos mais diversos pontos de vista, sejam eles religiosos ou educacionais.[42] Inclusive foi a porta de entrada para

---

[42]Em 2003, a discussão sobre o financiamento educacional voltou ao debate público holandês, agora envolvendo as escolas islâmicas. Depois de várias instituições educacionais de orientação islâmica serem desacreditadas pelo

66   O PROBLEMA DA POBREZA

o estabelecimento definitivo de universidades não estatais como a *Katholieke Universiteit Nijmegen* [Universidade Católica de Nijmegen] e, principalmente, a *Vrije Universiteit Amsterdam* [Universidade Livre de Amsterdã] – o quartel general da educação do Partido Antirrevolucionário e do neocalvinismo.

Sem dúvida, um dos empreendimentos mais conhecidos e marcantes na trajetória pública de Abraham Kuyper é a fundação da Universidade Livre. A frase mais conhecida de Kuyper sobre a soberania de Cristo em cada centímetro da existência foi retirada do seu discurso inaugural em 1880. E, assim como *De Schoolstrijd* [Luta pela Escola] foi uma oportunidade privilegiada para compreendermos o compromisso de Kuyper com a *kleine luyden* [gente pequena] da sociedade civil – que seria privada de acesso à educação por medidas governamentais de origens liberais –, também a Universidade Livre nasceu da abordagem marcadamente social de Kuyper e do Partido Antirrevolucionário. Em seus esforços de promover reforma interna na Igreja Nacional da Holanda, Kuyper acreditava que a educação teológica era fundamental. Pensando nisso, criar uma nova universidade que fosse livre, tanto do Estado quanto da Igreja, seria uma forma brilhante de responder ao

governo (por suspeita de envolvimento em brigas internas ao Islã), mais recentemente elas passaram a ser igualmente financiadas por passarem pelas inspeções do governo. Vejam, portanto, que uma política pública profundamente kuyperiana auxiliou a formação de uma prática pluralista na sociedade. Instituições públicas, cristãs, islâmicas, dentre outras, são igualmente viabilizadas pelo governo holandês. Algumas pessoas podem enxergar nisso um sinal de secularização, mas, na verdade, é uma das maiores provas de como a filosofia social calvinista é a única que consegue promover verdadeiro pluralismo de esferas – o que seria impossível em sociedades meramente liberais (sem espaço igualitário para comunidades confessionais) ou islâmicas (se espaço para comunidades de confessionalidade alternativa). Cf. VINK, Anja. *Waarom de vrijheid van onderwijs niet heilig is*. Disponível em: https://decorrespondent.nl/9403/waarom-de-vrijheid-van-onderwijs-niet-heilig-is/854485664384-f6b14471. Acessado em: 11 de outubro de 2019.

modernismo enquanto uma visão de mundo e de vida que havia infectado as faculdades estatais e, consequentemente, os futuros ministros da igreja.[43]

No entanto, para fundar uma nova universidade, sem recursos eclesiásticos ou estatais (que só seriam aprovados em 1917), Kuyper precisou pensar em uma maneira alternativa de encontrar financiamento para tal projeto. Foi precisamente por isso que, em 1878, foi fundada a Associação de Educação Superior de Princípios Reformados que seria a mantenedora da futura universidade. Entretanto, diferentemente das ricas associações que fomentam muitas instituições educacionais, a recém-formada associação de Kuyper era constituída, novamente, pela "gente pequena" da Holanda. A coleta era feita das pequenas contribuições que as famílias de fiéis davam sacrificialmente à causa da nova universidade – ainda hoje, na loja de souvenir da Universidade Livre de Amsterdã, você pode comprar um pequeno cofre de moedas com o rosto de Kuyper, representando esse período de alto envolvimento das classes mais baixas da sociedade no projeto da grande universidade.

Também não é sem motivo que a Universidade Livre de Amsterdã seja uma das realizações mais conhecidas do movimento que Kuyper liderava. De certa forma, a Vrije Universiteit era uma espécie de materialização dos vários aspectos que estavam envolvidos na vida de Kuyper. Quem nos ajuda a entender um pouco mais o que significava para Kuyper esse novo projeto, é o professor James Bratt, ao falar sobre a palestra inaugural que Kuyper proferiu *Souvereiniteit in Eigen Kring* [Soberania em cada esfera] (1880).

---

[43]Cf. KUYPER, A. *Modernism: a Fata Morgana in the Christian World*. In: BRATT, op. cit., p. 87.

a Universidade Livre foi o coração dos sonhos de Kuyper. Nela ele pode preencher todos os seus chamados: acadêmico, criador de instituições, líder, libertador e guia do povo comum. Isso é posto na sua palestra inaugural. A escola capturava muito bem o coração de sua visão, do próprio tom do título, até a sua substância e pressuposições não faladas. O contexto da palestra, no dia 20 de outubro de 1880, foi muito apropriado. Kuyper falou na Igreja Nova de Amsterdã, na praça principal, próxima ao palácio real – ou seja, no centro simbólico da vida nacional. Oficiais da coroa, nobres, acadêmicos e o povo comum garantiram para que aquela palestra fosse uma cerimônia imponente... O clímax da palestra de Kuyper veio com uma das suas mais famosas declarações: "... não existe um centímetro quadrado em todos os domínios da nossa existência humana sobre os quais Cristo, que é soberano sobre tudo, não possa dizer: É meu!". A primeira parte também da sentença soa igualmente convincentes: "nenhuma peça sequer de nosso mundo mental é tão hermeticamente fechada de todo o resto...". À luz desse holismo, alguns aspectos de sua fala merecem consideração. O tom de Kuyper aqui é militante e combativo, vigiando o horizonte para o seu próprio grupo. Ainda que ele tenha invocado ícones nacionais e apelado para a consciência popular da memória bíblica e das virtudes republicanas... Finalmente, nós devemos reparar que Kuyper aqui estava fundando uma universidade. Educação superior e pesquisa arrojada têm uma enorme importância para ele: religiosamente, para explorar e desenvolver a criação de Deus; estrategicamente, para (re) formar a sociedade e a cultura; socialmente, para erguer o respeito próprio e a mudança de vida das pessoas comuns.[44]

---

[44]BRATT, op. cit., p. 461-462.

A riqueza e a importância de uma instituição social como a Universidade Livre só são compreendidas quando temos em mente algumas convicções que estavam no coração da teologia de Kuyper. Ainda que sua contribuição teológica seja extensa, Kuyper ficou conhecido como um teólogo da *gemeene gratie* [graça comum]. Essa doutrina que versa sobre a bondade e a benção de Deus a toda sua criação, mesmo depois do pecado, é um paradigma fundamental para pensarmos no valor intrínseco que existe em nos envolvermos com as mais diferentes áreas da experiência humana. James Bratt é correto em argumentar que, aqui, nos textos sobre a graça comum, nós vemos "sua paixão em escrever uma teologia construtiva para uma audiência leiga comum".[45] Uma vez mais, Kuyper não queria apenas responder seus críticos, mas também cooperar com o crescimento teológico e o amadurecimento da fé das pessoas comuns holandesas sem treinamento teológico e à mercê de uma igreja liberal.

O contexto de nascimento de uma série de pequenos textos, que posteriormente foram compilados em três grandes volumes sobre a graça comum,[46] é o seguinte: "no momento em que ele começou esse trabalho (uma série de setembro de 1895 até julho de 1901), essas demandas eram novas. Por volta de 1880, quando seu trabalho sobre graça comum começou a aparecer, Kuyper estava preocupado com um surgimento de uma consciência reformada apenas no estrito grupo de reformados. Agora ele queria trazer esse grupo e colocá-lo em contato com a sociedade mais ampla e com a

---

[45]Ibid., p. 165.
[46]KUYPER, Abraham. *Common Grace: God's Gifts for a Fallen World. Abraham Kuyper Collected Works in Public Theology.* Lexham Press, 2015 (três volumes).

O PROBLEMA DA POBREZA

cultura – também com propósitos políticos imediatos. Ele completou essa série ao mesmo tempo em que ele foi eleito como primeiro-ministro".[47]

Em outras palavras, com todos os novos projetos a partir de 1880 – universidade, partido políticos, conflitos denominacionais, associações educacionais –, Kuyper percebeu que era necessário contribuir para a formação de uma visão de mundo e de vida que fosse condizente com a teologia reformada. Claramente vemos aqui seus interesses ampliarem-se, ainda que isso não signifique que eles foram absolutamente transformados. Kuyper queria mostrar toda a potência cultural e política da teologia calvinista. Para isso, ele procurou argumentar que a soberania de Deus e suas ordenanças criacionais não diziam respeito apenas aos assuntos teológicos, mas estavam presentes em toda a realidade de uma maneira normativa e paradigmática. Em síntese, Deus tinha leis e propósitos para cada esfera da vida, e desconsiderar essa sabedoria divina seria incorrer em todo o tipo de empobrecimento e reducionismos na experiência humana. A doutrina da graça comum, portanto, "foi uma teologia da responsabilidade pública, dos cristãos compartilharem humanidade com o resto do mundo".[48]

Em apenas um trecho de sua argumentação, podemos compreender como Kuyper apresenta parâmetros bíblicos para as formações culturais sem comprometer o ensinamento bíblico pela relevância na esfera pública:

> Portanto, se o pensamento de Deus é eterno, e se a totalidade da criação deve ser compreendida simplesmente

---

[47]BRATT, op. cit., p. 165.
[48]Ibid.

como o fluxo desse pensamento divino, de tal modo que todas as coisas vieram à existência e continuam a existir por meio do Logos – isto é, mediante a razão divina, ou mais particularmente, através do Verbo –, então o caso é: o pensamento divino se encontra incorporado em todas as coisas criadas. Então, não há nada no universo que deixe de expressar – de encarnar – a revelação do pensamento de Deus... A essência mesma de cada coisa é constituída por um pensamento de Deus, de maneira que foi esse pensamento que prescreveu para os entes criados seus modos de existência, suas formas, seu princípio de vida, suas destinações e seu progresso. Toda a criação nada mais é do que a cortina visível por detrás da qual irradia a operação excelsa desse pensamento divino.... Todos aqueles que são instruídos pela Palavra de Deus sabem, no que diz respeito à criação divina, que por detrás desta natureza, atrás dessa criação, existe uma operação secreta, velada, do poder e sabedoria de Deus, e que somente por esse modo as coisas se dão de maneira habitual.[49]

Tal percepção fundamental da presença de propósito, significado e orientações divinas para todos os âmbitos da vida levou Kuyper a uma segunda formulação teológica que o deixou bastante conhecido. Trata-se da sua descrição da realidade (ontologia) em esferas de soberania. O título da palestra inaugural da Universidade Livre, Soberania em cada esfera, é uma referência à outra importante contribuição intelectual do teólogo holandês. Ele mesmo compreendia que ambas estavam relacionadas e, acima de tudo, faziam referência à

---

[49]KUYPER, Abraham. *Sabedoria e Prodígios: graça comum na ciência e na arte.* Brasília: Editora Monergismo, 2017, p. 37-38.

grande tradição calvinista que ele gostava de ser entendido como parte integrante. Segundo suas palavras no prefácio de seus livros, ele diz: "a doutrina da graça comum procede diretamente da Soberania do Senhor que sempre será a raiz das convicções de todo o pensamento reformado. Se Deus é soberano, então seu Senhorio deve recair sobre toda a vida e não pode ficar fechado aos muros da igreja ou aos círculos cristãos. O mundo extra-cristão não foi dado para Satanás ou está à mercê da humanidade ou do acaso. A soberania de Deus é grande e também legisla sobre todos os reinos não batizados".[50]

A compreensão de toda a realidade em esferas de soberania seria importantíssima para os interesses públicos de Kuyper. Na verdade, podemos dizer que a estrutura geral de sua ação política é, justamente, a doutrina das esferas soberanas. Tal compreensão será herdada e desenvolvida por vários pensadores europeus e americanos, que seguiram a visão kuyperiana na filosofia e ciência política. Ainda hoje se trata de uma excelente forma de pensar repostas para nossas sociedades multiculturais. Mais uma vez, o gênio de Kuyper se mostra ao nos fornecer uma visão do calvinismo mais do que um mero ensino doutrinário restrito aos assuntos igrejeiros. Conforme resume Bratt: "o calvinismo é uma filosofia da diversidade".[51]

Será essa filosofia que fornecerá a melhor formulação para uma prática cultural que, ao mesmo tempo, valorize a diversidade da boa criação de Deus, reconheça a multiforme manifestação do pecado em toda a realidade e consiga apresentar maneiras criativas de levar cativo à soberania de

---

[50]KUYPER, A. op. cit., p. 1.
[51]BRATT, op. cit., p. 70.

Cristo a todas essas áreas em rebeldia e pecado. A pungência de tal pensamento foi reconhecida por acadêmicos de todas as áreas, fazendo do neocalvinismo uma tradição que abarca várias iniciativas intelectuais. Um dos bons exemplos contemporâneos em filosofia e ciência política é o canadense David T. Koyzis. Escrevendo, especificamente, sobre as aplicações sociais da doutrina da soberania de esferas, ele explica que:

> Talvez as implicações mais importantes dessa doutrina sejam: (1) a soberania derradeira pertence somente a Deus; (2) toda soberania terrena é subsidiária da soberania de Deus e (3) não há nenhum foco último (ou penúltimo) de soberania neste mundo do qual todas as demais soberanias sejam derivadas. Nesse sentido, a soberania das esferas pode ser ligada a Althusius e até ao próprio Calvino, cuja compreensão da pluriformidade social acabou sendo eclipsada pelas teorias unitárias de soberania ligadas a Bodin e a Hobbes. Kuyper aplicava sua doutrina não somente às autoridades políticas e à questão da igreja e do Estado, mas a todas as instituições sociais. A família, a escola, a empresa, o trabalho, as artes e demais aspectos da sociedade são todos soberanos em suas respectivas esferas. Cada uma dessas múltiplas comunidades e projetos detém autoridade dentro de uma esfera específica, cujos limites são estabelecidos pelo Criador. Tais limites não podem ser transgredidos sem que disso resultem graves prejuízos à estrutura social ordenada por Deus... Foi tendo em mente essa doutrina da soberania das esferas que Kuyper deliberadamente fundou a Universidade Livre, uma instituição desatrelada do controle tanto da igreja como do Estado. Em se tratando de uma comunidade educacional, sua missão era distinta da missão da igreja e do Estado; ela possuía,

O PROBLEMA DA POBREZA

portanto, sua própria esfera de autoridade, a ser respeitada por essas outras instituições.[52]

Essas duas formulações teológicas – graça comum e soberania das esferas – somadas a toda a trajetória de Kuyper, fizeram-no um "denunciador da gente pequena" [de Klokkenist van de Kleine Luyden], como disse o historiador Jan Romein. Isso porque, através dessas formulações teológicas, "ele não apenas fez o seu próprio grupo aceitável para ser pensado como parte da nação, mas ao mesmo tempo abriu o mundo da ciência e da arte para os seus correligionários crentes".[53] A sabedoria de Deus, o Logos divino, presente em toda a criação, fornecia um elo que mantinha toda a beleza, a verdade e a justiça unidas e a disposição dos seres humanos para encontrarem um caminho melhor para viver nas mais diferentes áreas da existência.

Esse entendimento nos ajuda a compreender o porquê de Kuyper ter fundado uma universidade e não somente um seminário teológico. Nas palavras de McGoldrick: "porque acreditava que toda a verdade é verdade de Deus e que cada esfera da criação pertence a Cristo, ele estabeleceu não apenas uma escola de teologia, mas uma universidade em que todo o currículo, em todas as artes e ciências, foi afirmado a partir de uma cosmovisão bíblica".[54]

Quando a universidade finalmente foi inaugurada em 1880, Kuyper foi seu primeiro reitor e permaneceu na faculdade de teologia até 1908. Nessa posição, não só ele, como também Herman Bavinck, Jan Woltjer, Wilhelm Geessink e,

---

[52]KOYZIS, op. cit., p. 278-279.
[53]ROMEIN, Jan. De Klokkenist van de Kleine Luyden. In: Erfklaters van onze Beschaving. Amsterdam: Queridos, 1971, p. 754.
[54]MCGOLDRICK, op. cit., p. 78

especialmente, Hendrik J. Pos, conseguiram prover para a sociedade europeia uma alternativa educacional sem parâmetros de comparação. Isso porque, ao mesmo tempo que a Vrije estava em pé de igualdade com tudo o que estava acontecendo ao redor e dentro da Holanda em termos de educação iluminista e secularizada, ela também, por outro lado, destacava-se pela sua preocupação com a confessionalidade reformada. O professor Anthony Tol nos conta que o modo como a confessinalidade era resguardada em todos os cursos da instituição era através das aulas de filosofia dadas nos primeiros anos de cada curso – primeiramente pelos teólogos mencionados anteriormente, mas em 1926 foi fundada a primeira cátedra de filosofia reformacional na Universidade que foi dada a Dirk H. Th. Vollenhoven (1892-1978), cunhado de Herman Dooyeweerd e um dos fundadores da Filosofia Reformacional.[55] Isso garantiu que nas gerações seguintes a confessionalidade fosse resguardada – e ainda hoje pudéssemos encontrar espaço para o trabalho de intelectuais comprometidos com a visão de mundo cristã.

O envolvimento crescente com a formação teológica de novos ministros para as igrejas holandesas foi deixando claro para Kuyper que seus esforços de reformar a denominação oficial da Igreja Nacional eram insuficientes. Apesar de muito debate público, criação de vários institutos sociais para auxiliar a luta com a questão da igreja, em 1883 Kuyper já estava convicto de que não era possível mais reformar a Igreja Nacional. As pressões que ele estava recebendo vinham de vários lados. O governo, por exemplo, não aceitava os créditos acadêmicos cursados na Universidade Livre

---

[55]TOL, Anthony. Foreword. In: VOLLENHOVEN, D. H. T. Introduction to Philosophy. Dordt College Press, 2005, p. iv.

pelos candidatos ao ministério pastoral. Ou seja, havia um boicote declarado com aquela instituição e com o que estava sendo ensinado ali. Esse e outros motivos fizeram Kuyper publicar um pequeno texto que ele estava preparando há anos: *Tractaat van de Reformatie der Kérken* [Um panfleto sobre a Reforma das Igrejas] (1883). O texto não era uma defesa a qualquer custo de cismas na igreja. Tanto que nele Kuyper critica a *Afscheiding* [Secessão] de 1834, que criou as *Christelijke Gereformeerde Kerken in Nederland* [Igrejas Cristãs Reformadas na Holanda]. Para Kuyper, seus líderes não estavam buscando uma reforma da Igreja Nacional, mas simplesmente o seu abandono por um espírito cismático. Não era nisso em que Kuyper acreditava.

O cerne da crítica de Kuyper era muito simples e, uma vez mais, remetia às convicções mais básicas da fé reformada. Para ele, uma igreja verdadeira era o lugar em que a Palavra de Deus poderia ser pregada verdadeiramente, os sacramentos corretamente administrados e o pecado fosse disciplinado com honestidade. É claro que nem todas as igrejas da denominação nacional tinham se corrompido, mas o número era insignificante – Kuyper estimava 500 delas, apenas.[56] Entretanto, com a permissividade da teologia liberal, cada um desses elementos foi comprometido na Igreja Nacional. Por algumas décadas, Kuyper procurou transformar essa situação. Mas, em 1886, ele finalmente decidiu que não era mais possível permanecer naquela circunstância. Naquele ano, ele proferiu o sermão "Porque eu não devo mais estar entre vocês"[57] e deixou oficialmente a *Nederlandse Hervormde Kerk* [Igreja Reformada da Holanda].

---

[56]MCGOLDRICK, op. cit., p. 77.
[57]KUYPER, It shall not be so among you. In: BRATT, op. cit., p. 125ss.

INTRODUÇÃO 77

Claro que sua saída não foi um ato privado. A dimensão pública de Kuyper já era nacional, o que gerou um movimento massivo de membros abandonando suas antigas congregações. Entretanto, o clima não era ufanismo vitorioso. Os vários líderes que acompanharam Kuyper em sua saída chamaram a si mesmos de *Doleantie* [Os lamentadores], devido à tristeza que sentiam em ver que a única saída encontrada para a igreja de seu país foi a divisão. Nos próximos seis anos, quase 200 congregações e aproximadamente 170 mil membros se intitulavam *De Doleerrende Kerk* [A Igreja da Lamentação]. A situação mudou de nome apenas em 1892, quando as congregações oriundas do cisma de 1834 fundiram-se com a nova igreja formada e então se batizaram de *Gereformeerde Kerken in Nederland* [Igrejas Reformadas na Holanda]. Eram aproximadamente 700 congregações e quase 300 mil membros.

Essa nova denominação foi um passo importantíssimo para um novo tempo do calvinismo na Europa. A ortodoxia reformada encontrou um novo espaço para ser articulada livremente. Não só Kuyper e Bavinck foram fundamentais aqui, mas também o trabalho de Klaas Schilder foi de grande valia para que esse neocalvinismo mostrasse sua força de renovação para toda a cultura europeia. Em 1922, um importante documento foi publicado através dos esforços de teólogos da Universidade Livre e também da Hogeschool em Kampen – que futuramente se transformaria na Faculdade Teológica de Kampen. Trata-se da Breve Declaração sobre as Sagradas Escrituras (1922) em que veio à tona uma forte afirmação da inerência e infalibilidade das Escrituras, mas acompanhada de uma sólida base científica. Ela foi fundamental para o trabalho de teólogos, biblista e filósofos da era de ouro da teologia neocalvinista na Holanda – tais como W. Geesink, J. H. Bavinck, D. H. Th. Vollenhoven e H. Dooyeweerd.

Infelizmente, após a Segunda Guerra Mundial, vimos essa influência diminuir de maneira considerável. Alguns fatores foram responsáveis por isso. Em primeiro lugar, simplesmente muitos ministros das Igrejas Reformadas na Holanda morreram na guerra. Faltavam recursos humanos para manter o quadro teológico vigoroso. Em segundo lugar, a influência da teologia dialética alemã, principalmente através do trabalho de Karl Barth, chegou até a Holanda e determinou os rumos teológicos daquelas instituições até muito recentemente. Em particular a partir de 1962, a igreja mudou muito seu caráter e se tornou uma igreja plural aberta com muito espaço e liberdade não condizentes com a fé reformada clássica. Em 1972, o Sínodo das Igrejas Reformadas na Holanda revogou as decisões do Sínodo de 1926 – incluindo suas declarações sobre as Escrituras. Este desenvolvimento reflete-se principalmente no trabalho teológico de Gerrit Cornelis Berkouwer (1903-1996) e Harry M. Kuitert (1924-2017). Apenas muito recentemente, a Faculdade de Teologia da Universidade Livre de Amsterdã tem experimentado uma renovação em seu interesse na teologia reformada a partir do importantíssimo trabalho de Cornelis Van der Kooi e Gijsbert Van den Brink que, em 2012, publicaram um livro de quase 700 páginas *Christelijke Dogmatiek: Een Inleiding* [Dogmática Cristã: uma introdução] que é, nas palavras de Richard Mouw: "uma articulação criativa das doutrinas reformadas tradicionais que está agora em sua quinta edição"[58]. Em suma, apesar de muitas lutas e diferentes fases, a voz do neocalvinismo ainda é ouvida em Amsterdã.

---

[58]MOUW, Richard. https://www.firstthings.com/web-exclusives/2016/01/free-university-orthodoxy.

5. O século das questões sociais: a contribuição de Kuyper para a luta dos pobres e das classes marginalizadas na Europa

A partir de 1887, Kuyper permanece como reitor da Universidade Livre – que, a partir de agora, se tornará a principal instituição não só da nova denominação, mas, finalmente, de todo o movimento neocalvinista. Naquele posto, Kuyper contribuiria para formar os novos quadros científicos, artísticos e políticos do que seria a fase de ouro que a Holanda experimentaria com a fé reformada. Em 1889, o Partido Antirrevolucionário reuniu 600 delegados em sua décima convenção anual e pôde antecipar em suas discussões o que seria um século marcado pelas questões sociais. A década de 1880 foi marcada por anos muito difíceis economicamente para a Holanda. Os custos da industrialização levaram, paulatinamente, a uma depressão econômica. Trabalhadores que haviam saído das zonas rurais rumo às cidades passavam meses procurando emprego sem sucesso. Ao mesmo tempo, a Bélgica e a França testemunhavam vários casos de violência contra a nova classe trabalhadora. Os piores anos da crise econômica foram os de 1882 até 1886, quando sofrimento e angústia associaram-se no imaginário popular da sociedade civil holandesa.

James Bratt nos conta que a pressão popular era para que novas medidas fossem tomadas. Comissões foram criadas para investigar as condições das fábricas que empregavam os trabalhadores manuais. Além disso, uma coalizão em torno dessa questão trabalhista foi formada entre o partido católico e o Antirrevolucionário. Durante todo esse processo, Kuyper escreveu uma série de artigos no De Standaard no

80 O PROBLEMA DA POBREZA

decorrer do mês de fevereiro de 1889. Entretanto, "neles, sua fala não era apenas para questões imediatas, às quais ele passou um olhar detalhado, mas antes ele abordou os problemas estruturais, premissas ideológicas e as consequências mais amplas da industrialização como um todo".[59] Por meio desses textos, várias ideias-chave do pensamento político-teológico de Kuyper se espalharam pela audiência popular do jornal – como a doutrina das esferas soberanas, dos horrores de 1789, a celebração de uma sociedade livre, etc. Com essa abordagem, James Bratt dizia que "a estratégia de Kuyper era desencoleirar toda uma classe de combate com suas próprias regras – melhor, com um conjunto constituído legalmente de instituições formais".[60]

A coletânea de textos, que posteriormente foi nomeada de *Labor Manual* (1889), continha em si uma série de propostas altamente inovadoras para as questões sociais. Nisso, vemos o gênio político de Kuyper argumentando as seguintes propostas: "para o aprimoramento dos direitos do trabalhador, uma moderna versão do velho sistema de guildas; para lidar com a questão social, concílios de trabalhadores para atingir cartéis corporativos; para resolver suas disputas, processo com árbitros; para estabilizar todo o sistema, representação parlamentar pela função social e pelo distrito geográfico".[61] Muitas dessas propostas nunca foram colocadas em prática, mas – além delas mostrarem para onde o olhar teológico e filosófico de Kuyper estava apontando – elas também contribuíram para formar uma consciência popular às questões sociais que era inexistente

---

[59]BRATT, op. cit., p. 231.
[60]Ibid., p. 232.
[61]Ibid.

naquele momento em alguns setores da Holanda. Passo a passo, um ordenamento igualitário e livre estava fazendo frente às circunstâncias sociais.

Os anos seguintes seguiram a mesma tônica e foram, igualmente, importantes na consolidação dessa consciência política voltada às questões sociais da gente pequena holandesa. O ano de 1891 foi importante de uma forma especial. Na convenção anual do partido Antirrevolucionário que naquele ano aconteceu em Utrecht, Kuyper entregou aos delegados uma mensagem desafiadora, na palestra Maranata (1891). Somos informados que "nenhum outro pronunciamento consegue capitar tão bem o tema, o tom e as propostas políticas de Kuyper".[62] O contexto também era muito propício. As eleições nacionais estavam se aproximando – e o Partido queria alcançar o poder. Além disso, o conjunto de iniciativas de Kuyper alcançou algum êxito enquanto estratégia para fazer frente à Igreja Nacional – lembre-se de que, em 1892, ela se tornaria oficialmente uma nova igreja. De maneira significativa, 1891 foi um ano que o Partido precisou olhar para o futuro e avaliar seus planos. A industrialização em alta escala e a sua concomitante depressão agrícola não poderiam mais ser ignoradas na Holanda. A questão social tinha se tornado o grande tema daquele século que estava por vir. De uma forma mais ampla, podemos ver os mesmos movimentos em outras partes da Europa, desde a encíclica papal *Rerum Novarum* (1889), do papa Leão XIII, até a Segunda Internacional Socialista (1889) que foi convocada pelo próprio Friedrich Engels em razão do Congresso Internacional de Paris, também em 1889.

---

[62] Ibid., p. 205.

82   O PROBLEMA DA POBREZA

Ainda que as investidas socialistas sejam sempre mais lembradas pela historiografia política ocidental, o papel da doutrina social católica romana não só foi uma alternativa genuína para pensarmos a presença pública dos cristãos, como também uma fonte muito rica de diálogo com a abordagem neocalvinista. O cientista político David T. Koyzis, ao comentar brevemente o contexto de publicação da encíclica papal *Rerum Novarum*, explica-nos o seguinte:

> nela, Leão XIII tentou minar o apelo crescente do socialismo entre a classe trabalhadora, apoiando iniciativas para melhorar sua condição de vida. Reafirmando a legitimidade da propriedade privada como algo baseado na ordem natural, ele expressou forte oposição à postura socialista nessa questão. Segundo o papa, a abolição da propriedade privada causaria, entre outras coisas, grande dano aos principais alvos dessa pretensa ajuda, os trabalhadores, que continuariam carecendo da segurança que precisam para si e suas famílias. Somente os ensinamentos cristãos poderiam aliviar a injustiça sofrida pelos operários, por encorajar um sentimento fraterno entre as classes e atribuir obrigações mutuas às diversas classes, especialmente do capital em relação ao trabalho. Embora o Estado não deva absorver de vez as comunidades particulares, ele continua obrigado a lidar ativamente com a injustiça e intervir para proteger os pobres.[63]

Ainda que Leão XIII não tenha utilizado esse nome, essa doutrina em relação ao Estado ficou conhecida mais tarde como doutrina da subsidiariedade – ou seja, o Estado assumia

---

[63]KOYZIS, op. cit., p. 261-262.

uma função de fornecer assistência (*subsidium*) quando as associações da sociedade civil se encontrassem em situação de injustiça e incapacidade. Para a doutrina social católica, essa formulação era capaz de manter uma ordem social dinâmica o suficiente para não sufocar as iniciativas particulares da sociedade diante de um Estado hipertrofiado, bem como manter o aparato governamental em sua responsabilidade própria. Podemos observar que existem vários pontos de contato com a doutrina kuyperiana da soberania das esferas. Esses denominadores comuns seriam fundamentais para que os três partidos democratas da Holanda cooperassem em pontos específicos e pudessem insistir em várias coalizões – como, por exemplo, nas questões sociais que levariam Kuyper à vitória em sua eleição para Primeiro-Ministro, em 1901. No século seguinte, esses três partidos continuariam trabalhando juntos até que, em 1971, eles se fundissem no Christen Democratisch Appel - CDA (Apelo Democrata Cristão). Em toda a literatura do CDA, a utilização do conceito de *gespreide verantwoordelijkheid* [responsabilidade diferenciada] seria uma clara tentativa de manter unidos tanto a doutrina da subsidiariedade como da soberania das esferas. Esse termo seria importantíssimo para o pensamento social de Herman Dooyeweerd, Bob Goudzwaard e James Skillen.

Foi nesse contexto de efervescência político-cultural, em torno das questões sociais, que surgiu a ideia de organizar o Primeiro Congresso Social Cristão, em novembro de 1891. Kuyper foi chamado para abrir o congresso com a primeira palestra, denominada A Questão Social e a Religião Cristã (1891) que, posteriormente, transformou-se no texto que o leitor tem em mãos. Nele, Kuyper levantou uma questão fundamental apresentada nos seguintes termos: "o propósito dos que aqui se encontram é que, em reunião reservada, como irmãos unidos em nome de Jesus, seja discutida de maneira séria a pergunta: Como crentes professos em Cristo, de que maneira devemos agir, com vistas às necessidades sociais de nosso tempo?".[64] Ele tinha consciência de que, apesar de sua longa trajetória pública envolvida com as lutas da gente pequena holandesa, o Partido Antirrevolucionário tinha se atrasado em propor alguma coisa organizada às questões sociais. Ao lembrar de vários nomes e iniciativas que ocorreram há pouco em torno dessas questões, imediatamente ele conclui que: "essas [citações] já são o suficiente para despertar em cada um de vós, meus senhores, a convicção de que há uma ligação direta e simplesmente inegável entre a questão social e a religião cristã. Nós nos envergonhamos ao perceber que essa convicção não nos atingiu de forma mais profunda e não nos tem levado à prática das boas obras. Isso nos leva à culpa e nos move a nos humilhar, ao ver que, quando tamanha necessidade estava exposta, não tivemos a ousadia de agir em nome de Jesus".[65]

Não obstante, a organização tardia do Partido Antirrevolucionário em torno de um pronunciamento oficial quanto às questões sociais, existia uma diferença fundamental que os distinguia das propostas já mencionadas e colocava a força da visão de mundo calvinista na dianteira do pensamento social. Diferente de todas as abordagens mencionadas, Kuyper estava consciente de que as lições que o Partido aprendeu com G. Groen van Prinsterer eram uma pedra angular (e de tropeço) nesse ponto. Desde o início do movimento antirrevolucionário, Groen sempre deixou claro que nenhuma abordagem secular – como, de fato, era

---

[64]Veja o capítulo O *problema da pobreza*, p. 94.
[65]Veja o capítulo O *problema da pobreza*, p. 97.

a socialista, por exemplo – conseguiria dar cabo das questões mais profundas que estão envolvidas nos problemas de ordem social de uma determinada comunidade. Kuyper lembra sua audiência que, em 1853, no período mais ativo de Karl Marx, Van Prinsterer já discursava às camadas mais altas do poder holandês que:

> Frente aos conceitos socialistas, realmente é nosso dever nos preocuparmos com a *condição miserável* da classe inferior, e devemos estar, acima de tudo, atentos ao dano que as classes superiores causaram junto ao povo por meio da *decadência moral* e da *falsa ciência*". Ele declarou que no socialismo "há uma verdade em sua mistura a qual lhe dá forças". Reconheceu "que era preciso se esforçar pela melhoria das condições *materiais*, pois esta injustiça duplica a força do erro socialista". Ele convocou seus irmãos cristãos a extinguirem o fogo ao escrever: "O socialismo encontra sua origem na Revolução [Francesa]" e, assim como a própria Revolução, este "só pode ser vencido pelo cristianismo".[66]

Mesmo a doutrina social da igreja, muito influenciada pelo neotomismo – que seria característico dos séculos XIX e XX da teologia romana – estava alicerçada em uma diferença muito rígida entre ordem natural e instâncias espirituais da graça. Isso produziu um arranjo social hierárquico demais para os propósitos democráticos e horizontais da abordagem neocalvinista. Nesse sentido, tanto as discussões pelas questões materiais, quanto a recolocação dos institutos políticos inspirados pela ordem natural não eram elementos suficientes para a abordagem kuyperiana das lutas sociais.

---

[66]Veja o capítulo O *problema da pobreza*, p. 96.

Apesar de estar consciente de que "é absolutamente correto dizer que a questão social de certa forma se limita e é tratada de forma esporádica em grandes intervalos de tempo", Kuyper não deixou de anunciar para sua audiência que "esta verdade faz muitos se encontrarem iludidos pensando que a interferência do governo com respeito à questão social seja uma novidade de nossos dias". Tal ilusão era uma consequência de permanecer superficiais no tratamento desses problemas sociais apelando meramente tanto ao andamento da vida social, como também seu posicionamento com seus bens materiais. Kuyper não era ingênuo para ignorar que, em outras partes do globo, as questões sociais estavam sendo tratadas com seriedade, "isto tem sido feito pela promulgação de leis civis; por meio do direito comercial; e indiretamente também por meio da lei constitucional, da lei criminal e do código penal. E, quanto à relação aos bens materiais, em particular por meio de leis que dizem respeito à herança". No entanto, para o teólogo holandês, essa abordagem não tinha as condições de possibilidade de se afirmar como a maneira que crentes professos em Cristo devem agir com vistas às necessidades sociais de nosso tempo. Para se distinguir de todas as outras abordagens humanistas, os discípulos de Jesus não poderiam duvidar, em nenhum momento, de que: "em muitos aspectos, essa intervenção, por ser proveniente de princípios falsos, tenha feito doentio o que poderia ser saudável, envenenando em muitos aspectos a nossa relação mútua e trazendo ao nosso meio misérias inomináveis em lugar da felicidade e da honra das nações, as quais deveriam ser alvo da arte estatal".[67] Somente uma plataforma de ação política construída sob princípios genuinamente cristãos e

---

[67]Veja o capítulo O problema da pobreza, p. 102.

extraídos de uma visão de mundo bíblica teria condições de sinalizar na história as dinâmicas mais típicas do reinado de Cristo sobre as lutas sociais.

É necessário que, nessa altura de nossa argumentação, fiquem evidentes o estilo próprio de Kuyper e sua grande contribuição para o pensamento político social de todos os tempos. Este livro o ajudará a entender que, apesar da recorrente presença da "gente pequena" holandesa em praticamente todas as manobras públicas de Kuyper, o líder do Partido Antirrevolucionário não tinha um "compromisso com os pobres", tal como muitos entendem a única possibilidade dos cristãos se envolverem em causas sociais. Não, Kuyper não tinham um compromisso com os pobres. Ele tinha um compromisso radical com Cristo e com sua igreja, o que lhe fornecia as condições de trabalhar para que a palavra de Deus e a soberania de Cristo fossem experimentadas em todas as esferas da vida – trazendo justiça onde predominava a desigualdade, liberdade onde prevalecia a opressão e desenvolvimento onde permanecia retrocesso.

Veja como essa maneira absolutamente inovadora para o século XIX era articulada por Kuyper:

> Onde pobres e ricos se encontram frente a frente, ele nunca escolhe seu lugar entre os mais abastados, mas se associa sempre aos pobres. Ele nasce em uma manjedoura, e, mesmo que as raposas tenham seus covis e as aves do céu seus ninhos, ele, o Filho do Homem, não tem onde reclinar a cabeça. Ele orienta seus apóstolos a não se preocuparem com dinheiro. Eles deveriam sair sem alforje e sem sandálias. Mesmo assim tinha um no seu meio que carregava a bolsa do dinheiro, Judas, homem terrível que, precisamente por causa da avareza, vendeu a sua alma ao diabo. Portanto,

poderoso é o traço de misericórdia que se encontra entalhado em cada página do evangelho. Jesus entra inúmeras vezes em contato com os que sofrem e com os oprimidos. A multidão que desconhece a lei, ele não repele; pelo contrário, atrai a si. Nenhum pavio que ainda fumega ele apaga. O doente ele cura. Do toque da pele leprosa, ele não retira a mão. E se a multidão tem fome, mesmo que essa fome ainda não seja a fome do pão da vida, ele lhes entrega o pão que partiu em muitos pedaços e lhes oferece abundância de um delicioso peixe. Assim, Jesus combina a teoria à *vida prática*. Sua teoria foi colocada em um tom de oração pelo poeta de Provérbios: "não me dê nem a pobreza nem a riqueza; dá-me o pão que me for necessário". Uma prece da qual procede uma lição de vida dada pelo apóstolo Paulo ao mercenário: "vocês nada trouxeram para o mundo, e, portanto, quando morrer não podem levar coisa alguma dele. Sendo assim, tendo sustento e com que se vestir, estejam contentes. Se quiserem ficar ricos cairão em tentação, em armadilhas e em muitos desejos descontrolados e nocivos, que levam os homens a mergulharem na ruína e na destruição, *pois o amor ao dinheiro é a raiz de todos os males*. Você, porém, homem de Deus, fuja de tudo isso" (1Timóteo 6:7-11). No entanto, essa teoria vai além da advertência para os ricos. Na sequência, Jesus, por contraste, adverte o pobre na mesma medida. O pobre é advertido a não murmurar, nem deixar brotar raiz de amargura e não dizer em sua preocupação: "'Que vamos comer?' ou 'Que vamos beber?' ou 'Que vamos vestir?' Pois os pagãos é que correm atrás dessas coisas; mas o Pai celestial sabe que vocês precisam delas" (Mateus 6:31-32). A esta altura, vemos algo que se mostra, como ensino, totalmente oposto ao ensino do socialista: "Busquem, pois, em primeiro lugar o Reino de Deus e a sua justiça, e todas essas coisas lhes serão acrescentadas." (Mateus 6:33) Portanto, a teoria se volve para ambos os lados, estendendo-se ao mesmo tempo para o rico e para o pobre, cortando a raiz do pecado encontrada no nosso coração. Contudo, depois da *teoria*, segue a *prática* que conquista corações, uma prática de diligência, de abnegação de si próprio, mais ainda de uma compaixão divina. Essa compaixão derrama primeiramente na ferida da humanidade sofredora todo o bálsamo à sua disposição e termina indo ao matadouro como Cordeiro mudo perante seus tosquiadores, pela miséria e morte de todos, tanto ricos como pobres.[68]

Estamos de acordo com Paul Freston que, se forem lidas sem a devida mediação, algumas declarações de Kuyper podem ser colocadas na boca dos teólogos da libertação latino-americanos.[69] Entretanto, isso só acontecerá se forem lidas sem a devida mediação. Em toda a sua argumentação, a oposição entre classes de opressores e oprimidos é desarticulada quando Kuyper, seguindo as instruções do Evangelho, chama ao arrependimento dos pecados políticos tanto ricos quanto pobres. O fundo da questão, para o teólogo holandês, era as idolatrias políticas – que, em sua configuração político-social, dizia respeito tanto ao modernismo teológico de uma igreja liberal, como ao desinteresse com o bem público de uma política dominada por ideologias seculares reducionistas em suas propostas.

Para todos aqueles que estão interessados em compreender como Jesus faria frente às necessidades sociais dos seus próprios dias, Kuyper tem uma resposta:

---

[68] Veja o capítulo *O problema da pobreza*, p. 107-108.
[69] FRESTON, Paul. *Religião e Política sim, Igreja e Estado, não*. Viçosa, MG: Editora Ultimato, 2008, p. 65.

Ele sabia que tais abusos desafiadores eram provenientes da raiz maléfica do engano e do pecado. Então, ele colocou em oposição a esse erro a verdade e quebrou o poder do pecado vertendo seu sangue e derramando do seu Espírito Santo nos seus. Uma vez que tanto ricos como pobres haviam se distanciados uns dos outros por terem perdido seu ponto de união em Deus, Jesus convocou ambos que se voltassem para seu Pai que está nos céus. Por ver como a idolatria ao dinheiro fazia morrer a nobreza no coração humano, Jesus entregou o culto a Mamom ao mais profundo desprezo, diante dos seus seguidores. Porque ele entendia que a maldição em relação aos bens materiais também se estende aos ricos, ele os chamou a fim de que deixassem de acumular capital, a fim de que deixassem de acumular tesouro na terra onde a traça e a ferrugem corroem e onde os ladrões escavam e roubam.[70]

A gente pequena holandesa foi quem ouviu, junto com Kuyper, a voz do supremo Pastor para se manter fiel às formas ortodoxas de conduzir sua espiritualidade, como também de resistir na esfera pública às pressões que queriam mantê-los subjugados e não amadurecidos. Isso fez Kuyper se colocar em cobeligerância com as classes mais baixas da sociedade. Tratava-se de um privilégio ético e não soteriológico. Deus não atrelou à aliança de salvação e preservação que fez com seu povo às condições de pobreza e opressão. É certo que o povo de Deus, em muitos momentos, foi oprimido e feito pobre, mas essas não eram condições para serem o povo de Deus. Tão somente uma teologia pública que tenha a habilidade de se abstrair dessa inclinação a enxergar virtude

---

[70]Ibid.

na pobreza ou na riqueza é que conseguirá trazer genuínas contribuições para o debate público que carece parâmetros mais refinados do que essas antigas polarizações.

Deixar evidente essa diferença é uma das contribuições que a vida e a obra de Kuyper podem ainda hoje nos ensinar muito. O envolvimento público dos membros da igreja de Cristo não só é recomendado como imperativo, ao reconhecermos que Jesus é soberano em cada esfera da vida. No entanto, os parâmetros para julgar e conduzir esse comprometimento com as causas sociais nunca podem ser retirados delas próprias. Antes, precisam passar pelo filtro das Escrituras e se manter dependente do que ela fala para orientar nossa tomada de decisão – mesmo que, em algumas vezes, isso significa frustrar as expectativas do partido político, da organização não governamental, da denominação oficial ou das alianças pessoais por afinidades ideológicas.

■ PEDRO DULCI

Doutorando em Filosofia (UFG) com Estágio no Abraham Kuyper Center, na Universidade Livre de Amsterdã, na Holanda.

Pastor na Igreja Presbiteriana Bereia (Goiânia) e Professor de Filosofia no Seminário Presbiteriano Brasil Central.

O problema da **pobreza**: a questão **social** e a **religião** cristã

Meus Senhores,

Creio estar agindo em conformidade com o desejo de todos, quando, já nessa minha palavra de abertura, eu considerar a tarefa deste primeiro Congresso como a *mais modesta possível.* Em nenhum momento, pode se entender – tanto dentro como fora deste círculo – que a nossa intenção é fazer deste encontro uma réplica de uma daquelas reuniões notáveis nas quais se encontram homens peritos em educação, vindos de todos os países da Europa, para expor a riqueza do seu conhecimento ou mostrar o brilho de seus talentos. O triste resultado do monopólio estatal, que ainda está presente no nosso país no âmbito do ensino superior, é a falta de homens especializados no assunto. Nesse Congresso, não encontramos nenhum entre os nossos que se destaca, por exemplo, na especialidade da economia política. E, se eu os entendo corretamente, os que aqui se encontram não se prepararam com o fim de entrar em competição aberta e cruzar espadas com seu opositor. O propósito dos que aqui se encontram é que, em reunião reservada, como irmãos unidos em nome de Jesus, seja discutida de maneira séria a pergunta: *Como crentes professos em Cristo, de que maneira devemos agir, com vistas às necessidades sociais de nosso tempo?*

Cada vez mais cristãos de outros países já perceberam a necessidade de procurar entender sua responsabilidade diante dessa questão. Lembrem-se do surgimento do Partido Trabalhista Cristão [*Christliche Arbeiterpartei*] no círculo do conde Von Waldersee em Berlin; dos Socialistas Cristãos [*Christian Socialists*] que, inspirados por Maurice e Kingsley, uniram-se como um grupo, sob a liderança do Reverendo Headlam em Londres. Lembrem-se ainda da Sociedade Cristã Suíça com vistas à economia social [*Société Chrétienne suisse pour l'économie social*], criada há dois anos em Genebra. E, nos recordemos, ainda, alargando agora as fronteiras do cristianismo, o que foi realizado em prol de uma solução em relação à questão social por parte dos católicos romanos, por meio de pensadores hábeis como Le Play e Von Ketteler, mediante vários Congressos significativos na Alemanha, França e Bélgica e, mais recentemente, por Leão XIII em sua encíclica. Esses fatos nos levam à observação de que estamos atrasados em relação à nossa atuação nessa área. Estamos atrás de outros, enquanto poderíamos estar bem à frente. Digo isso porque Bilderdijk, Da Costa e Groen van Prinsterer, nossos patrícios, já nos haviam avisado dessa necessidade social, antes de ouvirmos alguma voz entre cristãos no exterior. Em 1825, Bilderdijk se dirigiu à classe mais baixa, quando poetizou:

> É pobreza e declínio nos quais tu definhas e suspiras,
> Enquanto a riqueza desafiadoramente esbanja os frutos das
> suas mãos.

E, em face da angústia, ele zomba da falsa teoria da caridade ao introduzir o liberalismo tradicional de forma articulada:

> Sim, a terra entra em colapso por causa dos pobres.
> Por que não os deportamos para Frederiksoord?
> Aí nos livramos deles,
> Pois são um bando de largados dos quais temos piedade
> Já não vemos que a pobreza verdadeira já nos é cara?
> Eles passam fome, isso é verdade, não encontram
> emprego,
> Mas será que terão alguma utilidade, já que não há
> trabalho para eles?

Em contrapartida, Bilderdijk coloca o dedo na ferida, levando os cristãos à penitência ao proferir de maneira aguda:

> Quando um povo precisar perecer em seus pecados,
> É na igreja que a lepra da alma é acordada.

Quinze anos mais tarde, Da Costa, em sua composição de 1840, atacou de forma implacável a plutocracia e a chamou de a "supremacia do dinheiro", desenhando para nós a carência social, que estava para se apresentar e agora já está entre nós, neste contraste:

> Aqui as riquezas já superaram a própria prosperidade
> florescendo por fora
> Brilhando de juventude, mas internamente em brasas
> Corroendo tudo como câncer e, como se fosse,
> Destruindo o equilíbrio entre as classes, enquanto lá
> As murmurações diante de trabalhos que não produzem
> pão, jocosamente

São jogadas sobre os ombros dos livres, onde os muros
Queimam e ardem dia e noite, e onde a fumaça eterna
Pinta as cidades de preto, sufocando a alma com seus
gases nefastos.

Assim profetizou (o judeu messiânico) Da Costa, não imitando o socialismo, mas 25 anos antes de Karl Marx fundar seu (Movimento) "International" em Londres no ano de 1864. E foi nesse meio tempo que, entre Da Costa e Karl Marx, Groen van Prinsterer, em 1853, assustou aos que naquele tempo eram dignos senhores, no pátio interior do edifício do governo, no chamado Binnenhof, com sua declaração brusca: "Frente aos conceitos socialistas, realmente é nosso dever nos preocuparmos com a *condição miserável* da classe inferior, e devemos estar, acima de tudo, atentos ao dano que as classes superiores causaram junto ao povo por meio da *decadência moral* e da *falsa ciência*". Ele declarou que no socialismo "há uma verdade em sua mistura a qual lhe dá forças". Reconheceu "que era preciso se esforçar pela melhoria das condições *materiais*, pois esta injustiça duplica a força do erro socialista". Ele convocou seus irmãos cristãos a extinguirem o fogo ao escrever: "O socialismo encontra sua origem na Revolução [Francesa]" e, assim como a própria Revolução, este "só pode ser vencido pelo cristianismo".

Portanto, fomos colocados na *retaguarda*. E isso não somente pelos nossos líderes mandados por Deus, mas também, com o mesmo vigor, pelos próprios socialistas, que não se privaram de apelar para Cristo, para suporte de suas utopias. Constantemente nos confrontavam com declarações graves baseadas na Escritura Sagrada. De fato, eles perceberam com tamanha força a ligação entre a necessidade social e o cristianismo que não hesitaram a apresentar o próprio

Cristo como o grande profeta do socialismo e a clamar: "Não podemos dizer que a obra libertadora cristã fracassou; há somente dois milênios entre o começo e a conclusão do trabalho iniciado por Cristo".

Um liberal da escola antiga, Adolphe Naquet, tem se preocupado com o fato de que seja justamente o socialismo que prepare novos triunfos para o cristianismo e recrimina o socialista por promover a própria religião que ele tanto odeia. Ele exclama: *Vous faites oeuvre de religiosité*, ["vós estais fazendo um trabalho religioso"] "ao colocar em primeiro plano justamente os problemas que o cristianismo está tão comprometido a solucionar". Essa declaração de Naquet é um tributo não intencional, contudo significativo, à influência que o cristianismo pode oferecer para solucionar a questão social. Essa influência se expressa com mais beleza nas valiosas palavras de Fichte: "O cristianismo esconde em seu ventre um tesouro muito maior de renovação de vida do que se ousa imaginar. Até agora ele exercia seu poder somente em algumas pessoas e indiretamente no Estado. Contudo, qualquer pessoa, cristão ou incrédulo, capaz de espionar sua dinâmica secreta, sua força impulsora, deve concordar que do cristianismo sai um maravilhoso poder *organizador também para a sociedade*. E, somente quando este poder irromper é que a religião da cruz brilhará diante de todos em toda profundidade de seus conceitos e em toda a riqueza das bênçãos que traz em seu bojo".

Isso é o bastante; não necessitamos de mais citações aqui. Essas já são o suficiente para despertar em cada um de vós, meus senhores, a convicção de que há uma ligação direta e simplesmente *inegável* entre a questão social e a religião cristã. Nós nos envergonhamos ao perceber que essa convicção não nos atingiu de forma mais profunda e não nos tem

98   O PROBLEMA DA POBREZA

levado à prática das boas obras. Isso nos leva à culpa e nos move a nos humilhar, ao ver que, quando tamanha necessidade estava exposta, não tivemos a ousadia de agir em nome de Jesus. É nesse espírito de autocrítica, e sem vanglória, que entendo a provável indagação reprobatória de alguns. Pois provavelmente perguntarão se uma verdade tão óbvia precisa ser discutida e demonstrada em uma compilação como esta. Provavelmente perguntarão ainda se é possível que nossos olhos possam ter se distanciado tanto do Cristo Consolador a ponto de não percebermos que nos encontramos diante de tamanha necessidade em nossos tempos. Além disso, se há necessidade de afirmar que cada detalhe dessa condição atual esteja relacionado ao engano e ao pecado do próprio ser. Lembremo-nos de que Cristo ainda continua a chamar em divina compaixão também este nosso século violentamente perturbado. Ele continua chamando: "Vinde a mim, século mais rico de todos os tempos, século tão mortalmente cansado e sobrecarregado, e Eu lhe darei descanso".

Sobre a *existência* dessa ligação entre a questão social e a religião cristã, não desperdiçarei mais nenhuma palavra. Pois é no reconhecimento desse pressuposto que este Congresso se baseia. Mas o que se espera de mim neste momento, e o que eu ao menos *tentarei* fornecer, apelando ao seu juízo caridoso, é expor os laços por meio dos quais ambos os fenômenos da vida, a saber a religião cristã e a questão social, estão entrelaçados. Não é suficiente crer na existência de tal elo entre ambos. Essa convicção ainda precisa tomar forma. Somente então essa verdade falará profundamente à nossa consciência.

Para este fim, eu me apropriarei de um contraste que fala claramente à nossa consciência e que é de fácil entendimento. Refiro-me ao contraste entre a *natureza* e sua existência independente de nossa vontade e a *arte* humana que interage com essa natureza. Observamos que toda a questão social nasce da ligação entre a nossa vida humana e o mundo material que nos cerca. Há, no entanto, por um lado, uma força que se encontra fora do alcance tanto desta vida humana como deste mundo material ao nosso redor a qual denominamos de natureza; por outro lado, existe uma força que é extraída da vontade humana a qual podemos chamar de forma sumária de *arte*. Vemos que, com nossa própria natureza humana, fomos inseridos na natureza que está à nossa volta; não a fim de deixar a natureza como ela se encontra, mas para que, por instinto e chamado, usemos a arte humana a fim de trabalhar nesta natureza para que seja aprimorada e aperfeiçoada. Como exemplo, temos a criação de cavalos para o enobrecimento das raças. Da mesma maneira, um floricultor não junta um ramalhete de flores silvestres, mas multiplica e refina a variedade por meio da mistura de sementes. Da mesma forma, da água tiramos o vapor; da pedra bruta tiramos um diamante polido; e assim também se transpõe um rio que corre pelas montanhas para ser guiado por um caminho menos perigoso. Essa arte coloca o rio à disposição da navegação e da irrigação de nossos campos. Em resumo, a arte humana atua em cada área da natureza, não para sua destruição, muito menos a fim de colocar mecanicamente algo diferente ao lado dela. No entanto, a arte atua para extrair a força oculta que se encontra na natureza ou ainda para controlar a força selvagem que dela emana. A ordenança de Deus quer assim. O homem ainda se encontrava no paraíso quando recebeu a ordem para "guardar e cultivar" o mundo material. Esse fora criado – perdoem-me o indispensável germanismo – para se tornar "completamente-perfeito". Nossa Confissão nos afirma com muita elegância que toda criatura precisava servir o homem a fim de que este homem pudesse servir ao seu Deus. Segue-se que essa regra continua inexoravelmente verdadeira na própria vida humana, no que se refere à sua própria pessoa, bem como em relação ao seu próximo. Seria uma renúncia de dever deixar a natureza humana correr com rédeas soltas e não socorrê-la liderando-a por meio da arte santa da "atenção, oração e luta" para a dignificar. É vergonhoso para um pai e uma mãe quando estes deixam seus filhos crescerem de acordo com sua própria natureza sem trabalhar e influenciar essa natureza humana por meio da arte da educação. Da mesma forma, não é nada mais que barbarismo primitivo quando a sociedade de seres humanos, sem controle superior, é deixada a seguir seu próprio curso, o curso da natureza. Assim também como a arte política. É preciso intervir com elegância para fazer do viver juntos surgir uma vida em comunidade, bem como uma vida em sociedade, para que esta receba dignidade em si mesma e em relação ao mundo material ao seu redor.

Se o homem não tivesse caído no erro, se o egoísmo e o crime não interferissem, o desenvolvimento da sociedade humana sempre seguiria seu curso em paz e de forma ordenada. E o avanço seria progressivo. Progrediria para uma felicidade cada vez mais completa sem nenhum impedimento. Mas, infelizmente, os seres humanos não se encontraram neste tipo de condição. Para sermos justos, um certo instinto encontrado entre as pessoas de todos os povos os tem levado ao reconhecimento de algumas bases indispensáveis para todas as sociedades humanas. Desde os tempos antigos, esse instinto já havia sido usado por gênios e heróis levando-os a tomar decisões acertadas. No entanto, logo que essas decisões eram mais *elaboradas*, regulamentando o complexo fenômeno de vida que denominamos de sociedade humana, vez após vez, essas decisões foram mal orientadas. Tanto por aqueles que faziam uso delas na vida social, como pelos que agiam no âmbito do poder magistral. Em ambos os casos, esta série de erros se baseava e era proveniente de uma dupla causa fixa. Os erros se baseavam ou no engano ou no pecado. No *engano*, enquanto se vivia na ignorância no que diz respeito ao ser humano e seu atributo social e no que diz respeito às leis que governam por um lado as associações humanas e, por outro, a produção, a distribuição e o uso dos bens materiais. No *pecado*, não menos importante na equação, que consistia da avareza e da ambição, orquestrada por vezes por meio da força, outras vezes por uso indevido de leis injustas, o que atrapalhava ou obstruía o desenvolvimento saudável da vida em comum. Isso fez o desenvolvimento continuar insalubre e canceroso por séculos. Após algum tempo, o engano e o pecado uniam as forças para entronizar *princípios* injustos que violentavam nossa natureza humana. Ao erguer *sistemas* por meio desses princípios falsos, licenciava-se a injustiça e, em teoria, dava a esses falsos princípios o ar de *normalidade* que, na verdade, ia de encontro às exigências da própria vida.

Esse brincar imprudente com a sociedade humana se encontra entre todos os povos e tem sido propagado em todos os tempos da história; conduzido por pensadores e proprietários na vida particular, seguido posteriormente pelo governo sob sua inspiração, de forma não menos irresponsável. De fato, é absolutamente correto dizer que a questão social, de certa forma, se limita e é tratada de modo esporádico em grandes intervalos de tempo. Essa verdade faz com que muitos se encontrem iludidos pensando que a interferência do governo com respeito à questão social seja uma novidade de nossos dias. No entanto, na prática, jamais houve, em país algum, um governo que não tenha controlado de todas as formas tanto o andamento da vida social como seu posicionamento com seus bens materiais. Isso tem sido feito pela promulgação de leis civis, por meio do direito comercial e indiretamente também por meio da lei constitucional, da lei criminal e do código penal. E, quanto à relação aos bens materiais, mais particularmente por meio de leis que dizem respeito à herança. Esses bens materiais vêm sendo promovidos por meio do sistema de imposto, regulamento de taxas de exportação e importação e por estipulação de valores para compra e aluguel, pela sua regulamentação agrária, sua administração colonial, sua regulamentação de moedas e muito mais. Portanto, nunca foi possível dizer acerca de alguma nação de maior desenvolvimento nacional que a mesma teve uma sociedade cujo desenvolvimento fora natural e livre. A arte humana explorou e sujeitou o desenvolvimento das forças naturais e dos relacionamentos de várias formas. E é justo admitir, com gratidão, que essa interferência humana direcionada, de maneira geral, transpôs-nos das condições do barbarismo para uma condição de vida social ordenada. Podemos e devemos ainda admitir que o desenvolvimento ininterrupto da vida em sociedade fortalece a fé em um governo Providencial superior. No entanto, não se pode duvidar – nem por um momento – que em muitos aspectos essa intervenção, por ser proveniente de princípios *falsos*, tenha feito *doentio* o que poderia ser saudável, *envenenando* em muitos aspectos a nossa relação mútua e trazendo ao nosso meio *misérias* inomináveis em lugar da *felicidade* e da *honra* das nações, as quais deveriam ser alvo da arte estatal.

A desigualdade inerradicável entre os homens deu aos mais fortes a supremacia sobre os mais fracos. Além disso, assumir a postura de que a comunidade não é entre pessoas e sim entre animais racionais, cujo mundo é regido por uma regra fixa de que *les plus forts mangent les plus faibles*.[1] Os mais fortes conseguiram vergar – praticamente como regra absoluta – cada costume e cada ordenança fundamental para que fosse deles o lucro e para os fracos o prejuízo. Não se colocavam os dentes na carne uns dos outros nem se devoravam como canibais, mas os mais fortes e influentes exauriam os mais fracos por meio de uma arma contra a qual não havia defesa. E quando o magistrado se levantava como servo de Deus em prol do mais fraco, a classe mais forte da sociedade soube, rapidamente, exercer uma influência avassaladora sobre o governo, de tal forma que o poder governamental, o qual deveria proteger o mais fraco, tornou-se um instrumento contrário àqueles. O motivo desses acontecimentos não era porque o homem mais forte era, em seu coração, mais depravado que o mais fraco, pois, logo que alguém da classe inferior subia ao comando, ele, por sua vez, fazia, no que diz respeito à opressão irreligiosa, a mesma coisa ou ainda pior para os próprios membros de sua classe de tempos idos. Não! A causa desse mal se baseava no fato de que o ser humano era considerado como alguém que havia sido cortado do seu destino eterno. Não se honrava o ser humano como um ser criado à imagem de Deus. Não se levava em conta a majestade do Senhor, o único que é poderoso para refrear, pela graça, uma raça imersa no pecado. Essa situação injusta nasceu há muito tempo e é desse fato que o Pregador se lamenta de uma forma tão comovente: "Vi ainda todas as opressões que se fazem debaixo do sol. Vi as lágrimas dos que foram

---

[1] Que os animais mais fortes devoram os mais fracos.

O problema da pobreza

oprimidos e do lado dos opressores estava o poder, *mas os oprimidos não tinham um consolador*". Um exemplo é a situação de Nabote, que foi morto a fim de que Jezabel pudesse juntar o seu pedaço de terra ao parque real de Acabe. Ou, se quiserem, pensemos na descrição impressa indelevelmente na história, uma situação descrita por nosso Redentor, a situação do homem rico e do pobre Lázaro. A mesma situação contra a qual Tiago lançava a maldição da excomunhão ao escrever: "Atendei, agora, ricos, chorai lamentando, por causa das vossas desventuras, que vos sobrevirão. Eis que o salário dos trabalhadores que ceifaram os vossos campos e que por vós foi retido com fraude está clamando; e os clamores dos ceifeiros penetraram até aos ouvidos do Senhor dos Exércitos".

Será que é concebível, meus senhores, que a religião cristã quando adentrou o mundo não tenha tomado uma posição contra uma situação tão criminosa? Todos sabem como a condição social daquela época, sob o Império Romano, era pior do que as condições que a Europa e a América enfrentam agora e que as mantêm em suspense. Naquele tempo, essas condições profetizaram a proximidade da queda do Império Romano. Vocês também sabem como um verdadeiro despotismo asiático era responsável por um sistema de exploração e extorsão em praticamente todas as províncias do Império Romano e como, contra estas, heróis da palavra como Cícero muitas vezes erguiam sua voz, porém em vão. Também naquele tempo tinha se perdido o equilíbrio entre as classes, e havia uma luxúria desafiadora ao lado de uma gritante necessidade. Naquele tempo, havia capitais numéricos acumulados em um mesmo lugar, enquanto a pobreza miserável se encontrava escondida nas favelas de Roma. E, como resultado óbvio, havia corrupção na gestão estatal, sensualidade em vez do impulso moral dominando a opinião pública, e uma multidão movida pela necessidade e pela paixão. Uma multidão preparada para, a qualquer momento, rebelar-se, assassinar e saquear.

A Roma dura e pagã foi então, assim como a sorridente Grécia, submersa no pântano da miséria humana. Contudo, antes de se afundar por completo, surgiu uma luz em Belém e se percebeu no Gólgota um grito de alguém morrendo e despertando uma nova esperança para o povo. Não uma esperança como vista nos moldes de hoje, na qual muitos querem *degradar* e fazer do Cristo de Deus um reformador *social*. *Salvador do Mundo* é o seu título de honra. Um cargo muito mais sublime, superior e rico. A "bem-aventurança" que ele trouxe entre os homens era, além de rica, prenha de uma promessa, "não somente para o *por vir*, mas também para a vida *hodierna*". No entanto, uma bem-aventurança que se achega a nós de uma forma na qual a vida eterna do homem sempre continua como ponto principal e sempre tem e terá a primazia. Alma e corpo não deveriam apodrecer no inferno. O verme que nunca morreria e o choro e o ranger de dentes em um fogo que não se apagaria eram os pesadelos que Jesus via ao nos observar, pobres seres humanos. Tais pesadelos não o deixavam em paz. A alegria ao qual ele nos chamou deveria ser uma alegria *eterna* em seu Reino. Nunca se encontrou em nosso Salvador a crueldade do socialista, o qual, focando a melhoria para um curto período de nossa existência temporal, de nossa vida *momentânea*, de modo desordenado extirpa todo vislumbre de uma glória que *durará eternamente*. Essa é a razão pelo qual nem Jesus nem seus discípulos pregaram a revolução. Precisamos estar sujeitos à toda autoridade sobre nós instituída; e o pobre Lazaro terá sua vingança, não enquanto vive dependendo das migalhas que caem da mesa do rico, mas quando este sofrer a dor eterna e o pobre Lázaro for confortado.

Aos que perguntam o que Jesus fazia para redimir a necessidade social *daqueles* dias, respondemos da seguinte maneira. Ele sabia que tais abusos desafiadores eram provenientes da raiz maléfica do engano e do pecado. Então, ele colocou em oposição a esse erro a *verdade* e quebrou o poder do pecado vertendo seu sangue e derramando do *seu Espírito Santo* nos seus. Uma vez que tanto ricos como pobres haviam se distanciado uns dos outros por terem perdido seu ponto de união em Deus, Jesus convocou ambos a voltarem para seu *Pai que está nos céus*. Por ver como a idolatria ao dinheiro fazia morrer a nobreza no coração humano, Jesus entregou o culto a Mamom ao mais profundo desprezo diante dos seus seguidores. Como entendia que a maldição em relação aos bens materiais também se estende aos ricos, ele os chamou a fim de que deixassem de acumular capital, de acumular tesouro na terra onde a traça e a ferrugem corroem e que os ladrões escavam e roubam. Isto ele o fez enquanto despedia o jovem rico por não conseguir resolver sua situação e vender *todos* os seus pertences e os dar aos pobres. No coração de Jesus, não existia condenação para os ricos, mas uma profunda compaixão com sua situação lamentável, porque o culto a Mamom – símbolo das riquezas – era tão forte que, na realidade, seria mais fácil passar um camelo pelo fundo de uma agulha do que entrar um rico no reino de Deus. Somente onde a posse do dinheiro desemboca em usura e aspereza, Jesus se *ira*, e o homem que não quer perdoar seu devedor é colocado em evidência em uma parábola comovente em que é entregue aos verdugos e marcado como um servo perverso que desconhece a piedade.

E, mesmo assim, Jesus não trabalha somente com motivos morais. *Il paye de sa personne.*[2] Onde pobres e ricos se encontram frente a frente, ele nunca escolhe seu lugar entre os mais abastados, mas se associa sempre aos pobres. Ele nasce em uma manjedoura, e, mesmo que as raposas tenham seus covis e as aves do céu seus ninhos, ele, o Filho do Homem, não tem onde reclinar a cabeça. Ele orienta seus apóstolos a não se preocuparem com dinheiro. Eles deveriam sair sem alforje e sem sandálias. Mesmo assim tinha um no seu meio que carregava a bolsa do dinheiro, Judas, homem terrível que, precisamente por causa da avareza, vendeu a sua alma ao diabo. Portanto, poderoso é o traço de misericórdia que se encontra entalhado em cada página do evangelho. Jesus entra inúmeras vezes em contato com os que sofrem e com os oprimidos. A multidão que desconhece a lei, ele não repele; pelo contrário, atrai a si. Nenhum pavio que ainda fumega ele apaga. O doente ele cura. Do toque da pele leprosa, ele não retira a mão. E se a multidão tem fome, mesmo que essa fome ainda não seja a fome do pão da vida, ele lhes entrega o pão que partiu em muitos pedaços e lhes oferece abundância de um delicioso peixe. Assim, Jesus combina a teoria à *vida prática*. Sua teoria foi colocada em um tom de oração pelo poeta de Provérbios: "não me dê nem a pobreza nem a riqueza; dá-me o pão que me for necessário". Uma prece da qual procede uma lição de vida dada pelo apóstolo Paulo ao mercenário: "vocês nada trouxeram para o mundo, e, portanto, quando morrer não podem levar coisa alguma dele. Sendo assim, tendo sustento e com que se vestir, estejam contentes. Se quiserem ficar ricos cairão em tentação, em armadilhas e

---

[2]Ele também prega por meio de sua personalidade, por meio de sua forma de agir e viver.

em muitos desejos descontrolados e nocivos, que levam os homens a mergulharem na ruína e na destruição, *pois o amor ao dinheiro é a raiz de todos os males*. Você, porém, homem de Deus, fuja de tudo isso" (1Timóteo 6:7-11). No entanto, essa teoria vai além da advertência para os ricos. Na sequência, Jesus, por contraste, adverte o pobre na mesma medida. O pobre é advertido a não murmurar, nem deixar brotar raiz de amargura e não dizer em sua preocupação: "'Que vamos comer?' ou 'Que vamos beber?' ou 'Que vamos vestir?' Pois os pagãos é que correm atrás dessas coisas; mas o Pai celestial sabe que vocês precisam delas" (Mateus 6:31-32). A esta altura, vemos algo que se mostra, como ensino, totalmente oposto ao ensino do socialista: "Busquem, pois, em primeiro lugar o Reino de Deus e a sua justiça, e todas essas coisas lhes serão acrescentadas." (Mateus 6:33) Portanto, a teoria se volve para ambos os lados, estendendo-se ao mesmo tempo para o rico e para o pobre, cortando a raiz do pecado encontrada no nosso coração. Contudo, depois da *teoria*, segue a *prática* que conquista corações, uma prática de diligência, de abnegação de si próprio, mais ainda de uma compaixão divina. Essa compaixão derrama primeiramente na ferida da humanidade sofredora todo o bálsamo à sua disposição e termina indo ao matadouro como Cordeiro mudo perante seus tosquiadores, pela miséria e morte de todos, tanto ricos como pobres.

Meus senhores, tal presença, tamanha pregação, tão expressiva morte, já deve ter sido por si só uma influência para o bem das relações sociais. Derrubar o ídolo Mamom e mover o alvo da nossa existência deste mundo para o céu deveriam, sem dúvida alguma, trazer à tona uma mudança geral na autoconsciência dos povos. Mesmo assim, Jesus não ficou por aqui. Não deixou que as coisas parassem nesse ponto. Jesus também *organizou*. Ele fez sua igreja se espalhar por todas as nações. Uma igreja destinada a influenciar triplamente a vida em sociedade. Primeiro, *pelo Ministério da Palavra*, à medida que essa Palavra lutava de forma consistente contra a ambição pelo dinheiro, consolava os pobres e oprimidos e apresentava, em troca do sofrimento do tempo presente, uma glória e mansão eternas. Em segundo lugar, por meio de um organizado *Ministério da Misericórdia*, em nome do Senhor, por ser Ele mesmo o único proprietário de todo bem. Esse ministério exigia uma comunhão de bens entre os cristãos. Não era permitido que entre os da fé existisse homem ou mulher que tivesse falta de alguma coisa ou alguém que não pudesse cobrir sua nudez. E, em terceiro lugar, em oposição à diferença de classes, a posição dos cristãos era estabelecer a igualdade entre os irmãos, *a Igualdade da fraternidade*. Era abolir as demarcações artificiais entre os homens. Portanto, não deveriam se preocupar com sua posição diante das pessoas ao seu redor. Não deveriam querer se afastar de irmãos da mesma carne. Deveriam se reunir, pobres e ricos, em torno de uma mesma mesa, na Santa Ceia, como símbolo da sua unidade ligando todos em Cristo. Não somente como "filhos dos homens", mas, mais importante, como aqueles que entraram em colapso sob uma única e mesma culpa e que foram libertos por intermédio de um único sacrifício em Cristo.

Na realidade, como consequência direta da vinda do Cristo e do envio de sua igreja para que saísse pelo mundo a fim de contagiar os povos, o viver em sociedade humana se tornou visivelmente *diferente* do que quando essa sociedade estava debaixo da dispensação dos gentios. Para provar esse fato, observemos a sociedade romana daquele tempo. Essa parecia, de forma impressionante, com o que Jesus uma vez chamou de "sepulcro caiado, que, por fora, se mostra belo, mas interiormente está cheio de ossos de mortos e de toda imundícia!" (Mateus 23:27). Aquele sepulcro caiado, a sociedade romana, ruiu. E, sem querer afirmar que a nova construção social, erigida espontaneamente sobre essa ruína, correspondia de alguma forma ao ideal desejado por Jesus, podemos reconhecer com gratidão que nasceram e se ergueram condições sociais, no mínimo, mais sustentáveis. Os bens materiais já não eram mais o peso maior na avaliação pública. Agora o bem-estar eterno também fazia parte na avaliação. A escravidão foi quebrada na sua raiz, na sua base, e passou por críticas ferrenhas que demoliu sua instituição. Começaram a se preocupar com os pobres e os órfãos. Houve oposição quanto ao acumular capitais grandes demais e proibiram a usura. As classes sociais alta e baixa se aproximaram com base em uma sociedade mais livre. E, mesmo que não tenha sido apagado o contraste entre a abundância e a pobreza, a antítese entre a luxúria arrogante e a pobreza aguda não era mais tão forte e tão evidente. Embora a sociedade ainda não se encontrasse aonde deveria, já trilhava um caminho melhor. E, se a igreja não tivesse se distanciado de sua simplicidade e de seu ideal celestial, a influência da religião cristã sobre o Estado e a sociedade já teria se tornado *dominante*. No entanto, a cristianização da Europa foi rápida demais, e os grupos de pessoas que precisavam ser assimilados no cristianismo eram grandes demais. A conversão de Constantino foi para a igreja um sinal de que deveriam se unir à potência mundial. Com isso, cortaram o cerne de sua força fazendo com que o *mundo* adentrasse de maneira lenta, e sorrateiramente, para dentro da igreja. Em vez de discípulos que saíam sem alforje nem bordão, agora havia ricos príncipes de igreja, morando em palácios magníficos. Como

O PROBLEMA DA POBREZA: A QUESTÃO SOCIAL E A RELIGIÃO CRISTÃ 111

sucessores do pescador Galileu, havia na cúpula da Igreja de Roma uma série de Papas espalhando e expondo pompa real. Julius II e Leão XI pareciam estar mais propensos e interessados em paganizar o cristianismo do que em cristianizar a vida neste mundo. Desta feita, o sal se tornou insípido, e a corrupção social recuperou sua antiga força. Uma corrupção que, nos países da Reforma, foi de certa feita obstruída, porém não debelada. Em pouco tempo, na parte da Europa que continuou sob a liderança do catolicismo romano, o absolutismo real e o orgulho aristocrático rapidamente se espalharam como câncer e introduziram na vida uma tensão insuportável, que finalmente desembocou na Revolução Francesa, portanto, em terreno romano.

——— ■ ———

Essa revolução, da qual todo aquele que confessa Cristo e pensa consistentemente deve se distanciar, estabeleceu seu mal. Isso aconteceu, não tanto porque tiraram os Bourbons do trono, nem por terem colocado em seu lugar a classe média no poder sobre a nobreza e o clero. Mas por causa da completa inversão de valores que essa revolução produziu, tanto na consciência do viver como na cosmovisão dos povos. Pois, enquanto na religião cristã se aninhava ao princípio da submissão de todos os homens a Deus, o qual entrelaça domínio e liberdade, a Revolução Francesa lançou fora a majestade do Senhor. Ela fez isso a fim de desenvolver, pela vontade livre de cada indivíduo, uma autoridade artificial parecida com a de um andaime que, montado por um ajuntamento de vigas e pranchas soltas unidas por meio de pregos, já na primeira tempestade de vento se rachou e caiu por terra. Enquanto a religião cristã nos ensinava a entender que nossa vida sobre a terra é parte integrante de uma existência eterna e está subordinada a esta, a Revolução Francesa negava e lutava contra tudo aquilo que se encontrava fora do campo de visão da vida sobre a terra. Enquanto a religião cristã falava sobre uma felicidade perdida, um paraíso perdido, um estado de pureza da qual decaímos, e nos conclamava, desta feita, à humildade e ao arrependimento, a Revolução Francesa via no estado natural das coisas a medida natural do ser humano, atiçando nosso orgulho, propondo em lugar da conversão a *liberalização* do ser humano. Além disso, a religião cristã, como fruto da misericórdia divina, transportava para dentro deste mundo essa misericórdia proveniente da bondade de Deus, a misericórdia de uns para os outros. Em seu lugar, a Revolução Francesa semeou o egoísmo proveniente de um coração caído reintroduzindo, assim, a luta apaixonada pela possessão, pelo ter. E, com o objetivo de chegar ao ponto em questão, onde a artéria coronária da questão social se esconde, a religião cristã procurava a dignidade humana por meio dos relacionamentos sociais de um viver em uma sociedade organicamente coesa. A Revolução Francesa, no entanto, destruiu aquele tecido orgânico, quebrou os laços sociais e, por fim, em seu trabalho artesanal atomístico, não deixou sobrar absolutamente nada a não ser um monótono individualismo egoísta, assegurando a própria autossuficiência do indivíduo.

Com isso, os dados foram lançados. Porque, de dentro dessa turbulência do querer se livrar de tudo que liga e fortalece nossa vida e nossa dignidade, era impossível que não nascesse uma forte necessidade, uma profunda carência social, um difundido movimento social democrático. Esse movimento, por fim, levantou para todos os povos e nações uma questão social extremamente espinhosa. Não podia ser diferente. Com essa afirmação, não nego que a adaptação da fumaça à ferramenta,[3] e com isto, a comunicação mais rápida entre países, bem como o crescimento acelerado da população, também afetam este empobrecimento dos relacionamentos sociais. Mas quero deixar claro que nem a questão social que deixa dois continentes em fervente tensão, nem a democracia social que tem ameaçado a ordem pública tanto na Europa como na América, em algum tempo, mesmo que à distância, teriam assumido tamanha dimensão devastadora, se os princípios da Revolução Francesa não tivessem causado essa completa mudança e até mesmo essa reversão na cosmovisão das nações, das classes sociais e dos indivíduos.

Portanto, em primeiro lugar, era impossível que a Revolução Francesa não fosse a origem de uma profunda *necessidade social*, consequência de um duplo traço de caráter que lhe era peculiar. Pois, nessa Revolução, por um lado, o *dinheiro* foi colocado como o maior bem que uma pessoa possa obter; e isso, por outro lado, impulsionou a sociedade a uma luta incessante por *este dinheiro*, colocando, como consequência, cada um contra seu próximo. Não era como se a caça ao dinheiro tivesse um lugar oficial em seu programa, nem que seus intérpretes inspirados eram incapazes de tirar tons mais nobres de suas harpas, mas *era necessário* que a teoria, o sistema, se desembocasse em um dobrar de joelhos a Mamom. Isso simplesmente porque se cortou dos seres humanos um horizonte, a perspectiva *da vida eterna*. Esse fato desencadeou uma procura pela felicidade aqui na terra; portanto, *naquilo que é terreno*. Essa procura provocou uma atmosfera de impulsos básicos em que o valor de uma

---

[3] A invenção do trem movido a lenha, a famosa "Maria Fumaça".

pessoa se media pelo dinheiro que possuía e tudo podia ser comprado por dinheiro. Acrescente-se a isso o afrouxamento de toda organização social seguido do chamado evangelho mercantilista do *Laissez faire, laissez passer*,[4] e é possível entender como a luta pela vida muda de foco. A *luta pela vida* muda quando esta é preludiada por uma *luta por dinheiro*, na qual a lei do mundo animal, do gato atrás do rato, torna-se a lei básica para todo relacionamento social. O santo apóstolo de Deus já nos alertava: A avareza, a caça ao dinheiro, é a raiz de todos os males. Por isso, logo que, no início deste século [XIX], este demônio imundo foi desamarrado, nenhum debate acabou bem, nenhum embuste era astuto demais, nenhuma fraude por demais escandalosa. Por meio do domínio de conhecimento, de posição e de capital básico, tudo era feito para roubar dinheiro e sempre mais dinheiro dos socialmente mais desafortunados. Isso já teria sido o caso se, no início dessa luta, as chances fossem as *mesmas* para as duas classes. No entanto, com o passar do tempo, esta condição veio a se tornar bem pior à medida que as chances começaram a se desigualar. Essa desigualdade crescia à vista de todos. Por um lado, havia entre a burguesia experiência e compreensão, talento e cooperação e, junto a tudo isso, havia também à sua disposição o dinheiro e a influência necessários para prosseguir. Do outro lado, havia a população rural e a classe operária, despida de conhecimento, roubada de todo tipo de ajuda; ambos – por causa das necessidades de cada novo dia, a fim de se alimentar – eram forçados a aceitar e se adequar a qualquer tipo de condição, não importando quão injusta e quão adversa. Até mesmo sem o dom da profecia, era possível prever o resultado desse conflito de classes. O

---

[4]"Deixai fazer, deixai passar."

seu fim *não* poderia ser diferente. A conclusão era a absorção de todo e qualquer valor calculável em prol dos grandes e pequenos capitalistas com a finalidade de deixar somente o estritamente necessário para manter de pé a grande maioria da camada inferior da sociedade. Tudo isso, com o intuito de serem mantidos como instrumentos para alimentar seu capital (pois era por isso que permaneciam, neste sistema, os trabalhadores como parte da sociedade). Logo, aquilo que se via anteriormente somente entre os judeus, em que "em uma extremidade da escala social se encontram os milionários e na outra extremidade os extremamente pobres e ansiosos", passou a ser também a situação social extrema, que tomou conta, de forma gradativa, de toda a Europa. Mas isso sem o paliativo que existia entre estes conterrâneos judeus, sem a sua característica peculiar, sem a união familiar e a compaixão com os correligionários mais desfavorecidos. E assim, em toda a Europa, uma burguesia bem alimentada prevalece sobre uma classe de trabalhadores que empobrece cada vez mais. Classe esta que, constantemente, tem o dever de alimentar *seu* capital. E, quando esta classe não apresenta mais condições de servir ao suprimento deste capital, é condenada a se deixar afundar no pântano do proletariado, por não ter mais serventia. A carência social se torna ainda mais grave ao passo que a luxuosa burguesia ostenta sua pompa e estimula por meio desta uma *falsa necessidade* aos menos favorecidos. Essa ostentação mina o contentamento com pouco, leva os mais pobres à insatisfação que cresce ainda mais à medida que possuem menos com o que se alegrar. O arder do desejo febril do hedonismo aumenta exponencialmente enquanto a "irreal fonte de alegria" se torna cada vez mais escassa.

Em segundo lugar, quando a Revolução que estava por vir foi abertamente proclamada, esse mesmo sistema que a

O PROBLEMA DA POBREZA

proclamou deu à luz, por causa da sua necessidade igualmente exigente, uma *social-democracia*. Isto porque a Revolução Francesa havia escrito na sua bandeira vermelho-sangue não somente "liberdade", mas também "igualdade e fraternidade". Como consequência, eram muitas as vezes em que os próprios sitiantes e trabalhadores franceses entravam nessas guerras da república francesa em prol dos preciosos ideais que acreditavam ser sua salvação. Os trabalhadores se aventuraram com muita avidez aos campos de batalha sob a cantoria do Marseillaise.[5] No entanto, infelizmente, a "igualdade" com a qual sonhavam se transformou cada vez mais em uma chocante "*desigualdade*"; e, no lugar da tão prometida "fraternidade"; receberam uma versão inovada da fábula do lobo e o cordeiro. Será que, por causa dessa situação, não deveria crescer, com muita naturalidade, junto à classe sofredora da sociedade, a pergunta: "Com que direito os outros insistem em nos colocar nesta situação? Fomos ensinados que somos iguais a qualquer outra pessoa. Também nos foi ensinado que a minoria em número deveria se submeter à maioria. Assim, *não somos nós a maioria*? A *grande* maioria? A grande *massa* esmagadora? E, portanto, será que, o que está acontecendo, não é uma violação que atinge o próprio nascedouro da Revolução Francesa? Será que isto não é uma afronta, um zombar do lema santo pelo qual, em Paris, derramou-se tanto sangue precioso? Será que é justo que esta nova aristocracia, de calibre muito menor, ou melhor dizendo, *a aristocracia do dinheiro*, levante-se para editar as nossas leis? Será que é justo que coloquem seus pés sobre nossos pescoços, a fim de reacender o mesmo mal que havia sido debelado com um esforço imenso pelos Voltaires e os Rousseaus e os heróis

---

[5]Hino nacional da França.

da Bastilha? Conceda-nos também a voz na esfera pública que a nós pertence. Conceda-nos a voz que está prevista no próprio sistema da Revolução Francesa, e vos superaremos por meio de votos e estabeleceremos e ofereceremos a vocês uma vida social, uma economia doméstica bastante diferenciada que imporá aos privilégios a sentença de morte. E então, finalmente, será lançado em nosso regaço aquilo que sua formosa teoria nos havia prometido, mas a qual vocês nunca nos concederam."

Sinceramente, meus senhores, não posso entender como uma pessoa que não é oponente, mas sim, adepto do sistema da Revolução Francesa, pode, com base em bons fundamentos lógicos, entrar em demanda contra essa exigência da social-democracia. Neste ponto de vista, preciso concordar incondicionalmente com esse movimento. Reconhecida a falsa teoria, a social-democracia por si própria é consistente, mas somente se esta vier desprovida de adições. E, quanto às objeções de que os social-democratas estão errados, pelo menos *no ponto* em que, abertamente, pregam a *revolução* e declaram não voltar atrás mesmo que seja necessário o *uso da força*, também nisto não vejo como, de alguma forma, poderiam condená-los em nome da Revolução Francesa. Ou será que os elegantes senhores dos círculos dos Girondinos *não* pregaram revolução? Será que realmente agiram com Luís XVI usando o princípio de que a ordem social *não* poderia ser quebrada? Será que nos massacres de setembro os antepassados espirituais dos nossos liberais e conservadores *recuaram* a fim de não usar a violência? O apresentar dessas perguntas se perde no absurdo, pois o golpe opaco do machado da guilhotina ainda ecoa tragicamente e de modo constrangedor em nossos ouvidos. Também ainda nos deparamos com o recente festejar do centenário do assalto à Bastilha, celebrado por toda Europa liberal, relembrado como o mais louvável evento heroico. Como pode alguém, que nunca hesitou passar por rios de sangue para conseguir seu objetivo, acusar de falta de sentimentos humanos aqueles que também sondam, novamente, fazer uso da guilhotina, quando necessário?

Naturalmente, eu também tremo debaixo do pronunciamento dessas palavras; e, inspirados pela religião cristã, resistimos com aversão a esse tipo de atitude. Todavia, quando fazemos uma comparação entre o social-democrata e o liberal, não posso dizer que o primeiro está errado no que faz, pois isso seria uma injustiça e medir com dois pesos e duas medidas. É hipocrisia e autoengano – para aqueles que nasceram da Revolução, até mesmo, do regicídio – culpar seus filhos espirituais de que, se *ousarem pronunciar* seus "meios energéticos", cometerão o pecado mortal.

Prezados senhores, chegamos agora a um assunto mais atraente, porque há *uma terceira coisa* advinda da Revolução Francesa. Desta feita, um resultado reacionário. Não me refiro aqui à *carência* social, também não à *democracia* social, mas à *questão social*. Não que essa questão social se apresente aqui pela primeira vez. Ela já se encontrava presente na história da antiguidade e já era considerada a ordem do dia, tanto no Eufrates quanto no Tibre, tanto em Esparta quanto em Atenas. Emergiu novamente com a entrada do feudalismo, o qual, depois de séculos, desgastou-se. E, para citar algo de nossa própria história [Holandesa], para Java essa questão foi resolvida duas vezes. Uma vez com a introdução e outra vez com a abolição do seu sistema-cultural. Na realidade, em seu sentido mais abrangente, quem se pronuncia sobre a *questão social* levanta dúvidas sérias no que diz respeito à *validade da construção social vigente*. Como consequência, a opinião pública se encontra dividida com relação ao tipo de bases mais sólidas necessárias para uma ordem social mais eficiente e mais habitável. Portanto, em si mesmo, a colocação da questão social não precisa ser necessariamente resolvida por meio do entendimento *socialista*. A solução, ao qual se pode chegar, pode ser completamente diferente. Só uma coisa é necessária para se encontrar frente a uma questão social: observar a *insustentabilidade* do estado atual das coisas. Ao declarar a insustentabilidade, não será por conta de fatores *secundários*, mas proveniente de um erro crasso *na própria estrutura fundamental* da nossa convivência social. Para quem *não* reconhece isso e pensa que o mal pode ser sanado por meio de uma piedade crescente, por meio de um relacionamento mais amigável e de uma maior caridade, para esses o problema pode ser uma questão religiosa ou uma questão filantrópica, mas nunca uma questão *social*. Assim, pensam que a questão social é inexistente. Portanto, esta questão só pode estar presente se exercitarmos uma crítica arquitetônica com respeito à própria sociedade humana, para então, desejar e seguir na busca de erguer um arranjo diferenciado de construção social e acreditar na sua possibilidade.

No que concerne à insustentabilidade da situação social, nascida como tal do individualismo da Revolução Francesa, não deve haver uma opinião diferenciada entre homens cristãos. Se ainda estiver sentindo um coração humano batendo em seu peito e se o ideal do nosso santo Evangelho ainda lhe inspira, então seu desejo deve ser de repúdio em relação à situação atual. Afinal, percebemos que, se as coisas continuarem *assim*, teremos cada vez *menos* céu e cada vez mais um pouco do *inferno* neste mundo. Nossa sociedade está, aos poucos, desvencilhando-se de Cristo. Está se curvando no pó frente ao deus Mamom. E, pelo estímulo irrequieto do egoísmo brutal, vacilam, como o salmista lamentaria, os fundamentos da terra. Todas as vigas e âncoras da estrutura social se desajustam. A desorganização cultiva a desmoralização. E, na crescente devassidão de uns em contrapartida com a sempre crescente necessidade de outros, é possível se verificar a decomposição de um cadáver em vez de um rubor salutar e de uma força muscular de um corpo saudável e cheio de vigor.

Não, *não* é necessário que isso continue assim. *Pode* melhorar. E a melhoria se encontra – sem dúvida alguma, e não tenho medo de usar a palavra – no caminho do *socialismo*. No entanto, *não* no socialismo entendido como um programa proveniente da social-democracia. Contudo, o uso dessa palavra tão linda deve ser entendida de tal forma que também nossa sociedade, nossa pátria amada, entre em sintonia com as palavras de Da Costa. Que ela "não seja como um pedaço de chão cheio de um monte de almas", mas seja uma *sociedade* por Deus querida, um *organismo* humano vivo. Não um mecanismo feito de partes distintas, não um mosaico formado por paralelepípedos encrustados lado a lado no calçamento de uma rua, como Beets diria: não uma montagem. Mas um *corpo* com membros em submissão à lei da vida, a qual afirma sermos membros uns dos outros. Um corpo em que, portanto, ao olho não pode faltar o pé, nem o pé pode ser alguma coisa sem o olho. É essa verdade humana, científica e cristã que foi profundamente incompreendida, veementemente negada e gravemente zombada e ridicularizada pela Revolução Francesa. E é contra essa *negação*, com seu nascedouro no individualismo da Revolução Francesa, que todo o movimento social de nossos dias tem se posicionado.

Portanto, é um engano pensar ou até mesmo imaginar que o socialismo de nossos dias tenha como fonte a utopia confusa dos fanáticos ou tenha sua origem nas mentes dos famintos de cabeça quente. Na realidade, Mario, o primeiro a propor por meio de três volumes espessos "a organização do trabalho", era um exímio e mui hábil *professor*. Assim também Rodbertus – o homem que pleiteou pela questão social antes mesmo de Karl Marx – havia sido *Ministro do rei da Prússia* em 1848. O próprio Karl Marx, o fundador do [Movimento] Internacional, fazia parte da alta sociedade e era casado com alguém de uma família ministerial. Também Lasalle se movia nos círculos da "alta". Henri George é um americano da elite. E Schaeffle, que se aventurou a querer transformar em uso coletivo o solo, as ferramentas e o capital, foi *Ministro do Imperador da Áustria* em 1871. Portanto, era praticamente impossível reter e não soltar um certo riso homérico, quando, ainda até pouco tempo, ouvia-se falar, até mesmo em nossos círculos, que o socialismo era coisa das camadas inferiores da sociedade. Era praticamente impossível deixar de perguntar se a pessoa que fazia este tipo de comentário possuía algum hábito de ler ou até mesmo, pelo menos, alguma simpatia pela causa. Ou se Quack estaria batendo na porta de surdos ao introduzir, em língua tão fascinante, toda família socialista ao nosso público civilizado. Sim, e se não escutaram de alguma forma que até mesmo Platão, o maior filósofo da Grécia, havia escrito um projeto e recomendado um arranjo socialista completo do estado. E mesmo que tal ignorância tenha sido perdoável até vinte anos atrás, já agora tem se tornado uma política obscurantista. Afinal, o movimento socialista deu forma a quatro diferentes escolas científicas. Alarmou "a burguesia satisfeita", espontânea e simultaneamente em todos os países da Europa, arrancando-os de sua zona de conforto. Encontrou seus defensores em uma série de universidades. Fez a imprensa trabalhar duro em um fluxo constante de estudos. Além disso, o tema conquistou gradativamente tanta profundidade, tanta extensão e tanta importância que até Von Bismarck se associou a este e Leão XIII enviou uma encíclica especificamente sobre o assunto. Até o imperador da Alemanha começou seu reinado anunciando este em um congresso na capital da Prússia com o fim de fazer os preparativos para a solução *internacional* da questão social. Não, realmente, política de avestruz não tem benefício algum aqui. E não faz bem algum quando se fabrica gracejos ao falar sobre o *Direito para todos*, declarando como socialmente morto o Domela Nieuwenhuis e deixando que o povo ignorante cante: "todos os socialistas são farinha do mesmo saco". O socialismo paira no ar. A brisa social, que a qualquer momento pode se transformar em um vendaval, abaúla as velas da nau política. Além disso, podemos dizer com confiança que a questão social, *a* questão, tem se tornado a ardente e apaixonante questão *de vida* do fim do século XIX. De fato, em todo este século riquíssimo em perguntas, não emergiu tamanha questão que tenha interferido tão profundamente o âmago de vida das nações e que tenha agitado com tamanha onda a opinião pública.

A característica comum, em todas as suas formas e estágios, com as quais esse movimento impressionante se apresentou, foi o surgimento de uma defesa para o sentimento comunitário, ou seja, o direito comunitário e a natureza orgânica da sociedade em oposição ao desenvolvimento unilateral do tipo individualista. Foi impresso na nossa sociedade pela Revolução Francesa, por meio de sua escola econômica por ela compreendida, representada pela filosofia do *laissez-faire, laissez passer*. E isso, em tamanha extensão, que a luta pelos direitos de propriedade e contra o capitalismo terminou sendo somente uma *consequência* desta devoção em favor do princípio *social*. O fato é que o indivíduo acha sua mais firme fortaleza precisamente no direito absoluto de propriedade. Entretanto, a fortuna imensurável acumulada produziu, por causa do individualismo, em virtude deste direito absoluto, um obstáculo intransponível, que previne a sociedade de fazer justiça ao seu próprio caráter sociológico.

Até este ponto, o movimento socialista é unificado em toda a sua extensão. No entanto, ao chegar a definir a questão prática sobre o que deve ser demolido e o que deve ser colocado no lugar do que se demoliu, as opções se tornam *tot capita tot sensus* [tantas cabeças, tantas sentenças]. Dessa forma, quem não acredita que há um Deus a cujas ordenanças devemos nos submeter; quem não dá valor à lei intrínseca dos povos a qual nunca deixa impune aquele desenvolvimento histórico que infringe de maneira irremediável essa lei da vida; quem vê em toda a estrutura de nossa sociedade hodierna nada mais que o produto da arbitrariedade humana; se vê, como resultado, no direito de destruir tudo o que se encontra em pé e não recua ao se ver frente à tarefa gigante de destruição para então, posteriormente, começar a construir em terreno que se tornou vazio. Indo nesta direção, temos o niilista que pensa da forma mais radical possível, pois – ao ver que a vida é totalmente interdependente – não contempla a possibilidade de salvação, enquanto se encontrar qualquer vestígio desta civilização considerada morta. Por conseguinte, quer começar destruindo *tudo*, literalmente *tudo* o que vê pela frente. Seu ideal é voltar aos tempos após o dilúvio. Para ele, o descanso se encontra no *Nihil*. Um pouco menos radical é o anarquista, que zomba das ideias, como se o vírus também tivesse sua aderência a casas e ferramentas,

O PROBLEMA DA POBREZA

mas que, no entanto, procura o veneno somente no governo e em todo poder e operação proveniente dessa autoridade. Para eles, a demolição precisa ir somente até onde está o governo e aniquilá-lo. O seu alvo é não haver *estado*, somente uma *sociedade*. A era de ouro virá por si mesma. Menos radicais são os *social-democratas*, os quais querem manter tanto o Estado quanto a sociedade, porém sob a perspectiva do Estado ser somente órgão e mordomo da sociedade. O Estado deve se organizar de tal forma que as *muitas* famílias se diluam em uma única família, a família do Estado, na qual, nessa única família, todos os cidadãos repartam as coisas de tal forma que não haja distinção. É necessário lembrar que entre os *social-democratas* ainda há variações. Há os que incitam o radicalismo e pregam o saquear e a rebelião ao lado de homens como Liebknecht que procuram a salvação no triunfo do parlamento. Temos, ainda, Schaeffle, que procura levar ao Estado solo, ferramentas e *capital*; ao lado do Coletivista comum que deseja levar ao Estado somente solo e ferramentas. Entretanto, no final, todos os caminhos achegarão a um único e mesmo ideal: Estado singular tragando todo e qualquer indivíduo, um Estado que cuida de cada indivíduo da mesma forma.

A uma distância razoável dessa social-democracia, encontramos os *Socialistas de Cátedra* ou *de Estado* que abraçam a ideia do Estado socialista, que, também pela sua classificação, é exatamente o inverso, tendo a autoridade do Estado em alta consideração *acima* da sociedade. No entanto, esses não atuam sem primeiro prescrever as tarefas para o governo, a saber, liderar de forma *patriarcal* o andamento da sociedade. Esta é uma escola que encontrou, entre muitos outros, em Rudoph Meyer, Wagner e em parte em Lavaleye, seus intérpretes entusiastas; no entanto, encontrou em Von Bismarck o seu estadista desejado. A força da *escola Histórica* não reside tanto em um programa prático, mas na pesquisa científica que luta contra a ilusão, como se a presente situação e as relações jurídicas tivessem um caráter *absoluto*. Prepara assim a opinião pública para uma reforma na existente situação e procura detectar se existe algo na lei para tal reforma. Acrescente a tudo isso ainda que também entre os liberais *menos doutrinários* se observa cada vez mais a inclinação, por um lado, *conservadora*, ou seja, procurar fazer importantes concessões em prol da conservação do já existente. E, por outro lado, uma inclinação na direção do mais *radical*, pelo fortalecimento da influência política proveniente da classe mais baixa; uma influência política que traria para esta classe as melhorias e reformas devidas e, para a classe predominante, a redução de privilégios que lhe eram prejudiciais. Para evitar ser *muito* incompleto, adiciono aqui a este breve sumário um grupo de *Pessimistas* cínicos. Pessimistas que percebem ter, na casa de nossa civilização moderna, algo errado; conseguem até mesmo admitir que há uma combustão lenta rondando o lugar, que há até *fogo*, e que, se esse fogo não for debelado, as chamas destrutivas da revolução se espalharão rapidamente e farão um completo estrago, porém asseveram não haver possibilidade de *extingui-lo*. Profetizam com calma estoica que, como foi com a civilização oriental, e, posteriormente, com a civilização greco-romana, também o será com a civilização dos povos modernos. Seu destino é se extinguir na *Nirvana*.

Meus senhores, se eu não estiver enganado, este rápido esboço cumpriu seu papel nos levando ao alvo por mim desejado.

O PROBLEMA DA POBREZA

Acredito que este se tornou em uma clara exposição das fibras que demonstram a importância e o motivo do entrelaçamento da religião cristã com a questão social. Portanto, no último segmento deste discurso, não me resta nada mais a fazer a não ser tomar cada uma dessas fibras, uma a uma, com o fim de vos mostrar qual a direção que cada uma delas pode conceder a nossos *estudos* e qual a direção *prática* que devemos tomar. No entanto, antes de continuar, preciso eliminar uma consideração, a qual, se ficasse no caminho, faria minha demonstração perder sua força. A saber, a ponderação de como pude nomear a social-democracia como sendo *fruto* da Revolução Francesa e como, ao mesmo tempo, pude afirmar que essa social-democracia se *opõe* e é hostil com o princípio daquela Revolução. Afinal de contas, a aparente contradição brota da realidade de que o caráter individualista da Revolução Francesa não é de fato o princípio-*raiz* da qual ela recebe sua força motriz, mas simplesmente um princípio *derivado*. Esse princípio-raiz, princípio de base, encontra-se para a Revolução Francesa na sua provocação contra Deus, *Ni Dieu, ni maitre*. Ou, se preferirem, encontra-se em uma humanidade emancipada de Deus e da ordem por Deus estabelecida. Desse princípio, brotam não uma, mas duas linhas. Primeiro, surge a linha que contribui ao pensamento de quebrar a ordem estabelecida e, assim, não deixar nada em pé a não ser o indivíduo com seu próprio querer, suas próprias escolhas e uma supremacia imaginária. Todavia, ao lado dessa, corre ainda outra linha ao fim da qual se é seduzido a não somente colocar Deus e a sua ordem de lado, mas também agora se divinizar, a fim de – como disse o profeta – se *assentar no trono de Deus* e criar por intermédio de seu próprio cérebro *uma nova ordem das coisas*. A social-democracia trabalha em prol desse pensamento. No entanto, ao

O PROBLEMA DA POBREZA: A QUESTÃO SOCIAL E A RELIGIÃO CRISTÃ 127

fazer isso, ela se distancia muito pouco do ponto de partida individualista, pois também – quanto à construção social a qual deseja erguer – ainda continua sendo conduzida pelo direito geral de voto e, portanto, pela soberania pública guiada pela vontade individual, que são (para usar o exemplo da construção civil de Amsterdã) como as grandes estacas fincadas debaixo dos prédios devido ao solo turfoso.

Digo isso somente de passagem. No entanto, a pergunta que exige toda a nossa atenção é: *Qual deve ser a posição e a atitude dos que confessam a religião cristã frente a este movimento socialista?*

É necessário que a desesperança de nossa vida social e as necessidades provenientes dela provoquem nossa profunda *misericórdia*. Não podemos nos comportar como o sacerdote e o levita que passam de largo pelo viajante exausto, semimorto, o qual se encontra sangrando de suas feridas. É preciso nos comover e nos comportar como o bom samaritano movido por um impulso de divina misericórdia. Afinal, sim, *há sofrimento* entre nós, existe uma carência gritante ao nosso redor. Não exatamente nos círculos de trabalhadores com os quais nos encontramos com mais frequência, mas junto ao proletariado por trás desses, e não menos frequente, em algumas áreas rurais. *Pensemos, por exemplo, em Frísia* [região situada no norte da Holanda]. Ao ver esta região, digo o mesmo que Bilderdijk: não é da vontade de Deus que alguém, mesmo que trabalhe de forma diligente, experimente escassez de pão, tanto para alimentar a si mesmo como para alimentar sua família. É ainda menos a vontade de Deus que alguém, que tem mãos e tem vontade para trabalhar, pereça literalmente de fome ou se encontre condenado a uma vida de pedinte, simplesmente *porque* não encontra trabalho. Se tivermos "sustento e com o que nos vestir", aí sim o santo Apóstolo exige que nos contentemos com isso. Mas não podemos nem devemos nos desculpar por haver miséria entre nós. Pois, onde nosso Pai celeste, desejoso em nos dar, nos oferece, por meio desta sua bondade divina, abundância de alimento proveniente do campo, não será exonerado em nome de Senhor aquele que aceitar que por *sua* culpa tal riqueza seja compartilhada com *tanta desigualdade*. Desigualdade que faz com que uns tenham pão com fartura, enquanto outros permaneçam com o estômago vazio ao se deitar em seu saco de dormir ou até mesmo se encontrem dormindo ao relento sem ter onde reclinar a cabeça. Deus proíba que por *nossa* culpa tal desigualdade continue. E se mesmo assim ainda existem, que Deus perdoe aqueles que querem, para defender suas transgressões, usar as palavras ditas pelo próprio Jesus de que *os pobres, sempre os tendes convosco*. Então, com o fim de honrar a Santa Palavra de Deus, assino um protesto contra tal abuso e tal uso impróprio das Escrituras. Além disso, solicito que aquele que ainda julga assim investigue, primeiramente, as mesmas Escrituras para uma avaliação sobre o estado dos pobres em Israel. Dessa forma, ao compará-los ao desastre no qual nosso proletariado afundou, descobrirá que os pobres em Israel eram tratados luxuosamente.

Se desta feita me perguntarem se é preciso *dar ainda mais* do que já está sendo dado, direi: *Certamente*. No entanto, logo a seguir insisto em afirmar: Uma misericórdia que só oferece *dinheiro* não é amor *cristão*. Amor cristão se caracteriza por uma doação completa. Não somente doação de dinheiro, mas doação de si memo, do seu tempo, de suas forças e da sua empatia. Somente então sairás em liberdade, quando sua doação transcender, com o fim de ajudar a solucionar o problema e colocar para sempre um fim a esta transgressão e, assim, minimizar os erros de uma vez por todas. Também nada do que se encontra escondido na casa do tesouro da sua religião cristã fique sem uso contra o câncer que corrói e destrói de modo tão perturbador a força vital da nossa sociedade. Certamente, o sofrimento *físico é* terrível, e grande a opressão, e não se honra a Palavra de Deus, quando se esquece de como o próprio Cristo, como também os apóstolos e também os profetas, registraram esse fato e eram invariavelmente contra tudo o que era poderoso e luxuriante frente aos sofredores e oprimidos. No entanto, maior e mais terrível é o sofrimento *espiritual* de nossa geração, porque observo em meio a esta miséria social a *desmoralização* que se segue. Ouço ainda, juntamente a essa, o subir de uma voz oca em vez de um clamor por socorro ao Deus dos céus. Ouço como zombam de Deus, como ridicularizam sua Palavra e odeiam a cruz do Gólgota. Também observo como pisam aquilo que ainda se pode testemunhar por meio da consciência. Como pisoteiam essa consciência com o fim de, como que em ódio profundo, atear fogo a estes por meio de tudo o que é selvagem e animal escondido no coração humano. Quando vejo isso acontecendo, meus senhores, vejo-me frente a um caos de miséria *espiritual* que, em certa medida, é maior que a necessidade mais urgente que suscita minha compaixão humana.

Afinal, sobem acusações contra nós, cristãos, também no que diz respeito à miséria espiritual. Ou será que não foram batizados praticamente todos os que agora se enfurecem? E o que aconteceu após aquele batismo? Qual foi o sacrifício que se fez para que, depois destes milhares serem batizados, estes mesmos não escarnecessem da religião cristã e não emitissem maldição contra ela? O que fizemos para que entendessem alguma coisa, qualquer coisa, do essencial amor de Deus que encontramos em Cristo Jesus. Quando o veneno da Revolução Francesa começou a se espalhar lenta e sutilmente pelas artérias do corpo social, o que foi executado por nós, cristãos na Holanda? O que fizemos com o objetivo de estancar este envenenamento que começou a permear o sangue de nossa sociedade? O que fizemos quando o mal começou a se espalhar e se tornar visível, quando a doença social começou a ter um caráter epidêmico? E, do nosso lado, o que foi que fizemos e como contribuímos para oferecer remédio e bálsamo para sua cura? Somente agora estamos fazendo nossa primeira fraca tentativa para, em um Congresso Social, examinar a agonia mortal de nossa sociedade. Examinar algo da profundidade dessa situação desesperadora que, por vinte e por trinta anos, nossos pensadores cristãos deviam ter se ocupado a decifrar com um pouco da seriedade e do sentido científico de um Mario e Schaeffle.

Há tanto dano a ser compensado, meus senhores. Notemos, por enquanto, somente os problemas que aqui são de central importância.

Neste caso, o primeiro problema que deve receber toda nossa atenção é o problema *da majestade de nosso Deus*. Isto porque, mesmo que eu chegue mais adiante a falar a respeito de medidas concretas, é necessário trabalhar inicialmente as ideias gerais que dão forma e cor a todo nosso entendimento de vida. Não somos nem plantas nem animais. *Ser humano* é o nosso título de honra. E, porque somos seres humanos, vivemos antes de tudo *por meio de nossa consciência*. Nossos sentimentos de felicidade ou infortúnio são regidos e controlados muitas vezes pela nossa percepção, nossa imaginação e nossa ideia geral das coisas. Por esse motivo, o primeiro artigo de qualquer programa social, que se prepara para a aplicação do resgate, sempre será: *Creio no Deus Altíssimo*,

Criador do céu e da terra. No entanto, esse artigo está sendo erradicado. Na política, não se quer mais saber de Deus. Não porque não acham mais encantador a poesia da religião, mas porque quem afirma *Eu creio em Deus* também reconhece que há uma ordenança provinda de Deus em favor da natureza e uma ordenança de Deus sobre a consciência. Reconhece também a existência de uma vontade superior à qual, como criaturas que somos, devemos nos submeter. No entanto, nos dias de hoje, afirma-se que a base de tudo deve ser a arte humana. O ser humano precisa ser livre para criar sua própria arte. Portanto, para que isso aconteça, se fará tudo para que a estrutura social seja erguida em sua totalidade por capricho e aleatoriedade. É por esse motivo que Deus precisa desaparecer, para que se desfaça qualquer ligação natural do homem com seu Deus e seja possível transformar em seu oposto qualquer ordenança moral, minando cada fundamento da convivência humana. Será que não percebemos aqui uma indicação clara da profunda necessidade do que nós, como cristãos, devemos fazer no que concerne à questão social? É precisamente nessa questão social que a ênfase na majestade de Deus e na absoluta validade de suas ordenanças deve ser a mais intensa possível, a fim de que – com toda a desaprovação da estrutura apodrecida, na qual, desta feita, convivemos socialmente – não reergamos qualquer outro fundamento, a não ser aquela que continua descansando no fundamento previamente fixado por Deus.

Da mesma forma precisa e decisiva, devemos, em segundo lugar, como cristãos, escolher um partido, no que diz respeito à controvérsia entre *Estado* e *Sociedade*. Aquele que, com o social-democrata, aceita que o Estado seja absorvido na *Sociedade* nega com isso a autoridade implantada por Deus que leva a reconhecer e manter *sua* Majestade e *sua* Justiça. E aquele que, por outro lado, encontra-se na linha do Estado socialista, portanto, que aceita que a sociedade seja absorvida *no Estado*, oferece incenso para o endeusamento deste. Isto é, o Estado no lugar de Deus, destruindo assim a sociedade livre, ordenada por Deus para tal, em prol do engrandecimento do Estado. Em oposto a isso, nós, como cristãos, devemos seguir com o entendimento de que tanto o Estado como a Sociedade têm, cada um, sua própria esfera, ou então, cada um sua própria soberania. A questão social não pode ser resolvida legalmente, a não ser que se respeite a *dualidade*, e assim deixe que a Autoridade (do Estado) seja honrada abrindo caminho para a livre iniciativa da Sociedade.

Em terceiro lugar, ao lançarem a questão, perguntando se a nossa sociedade é *um agregado de indivíduos* ou um *corpo orgânico*, então, todos os que são cristãos *devem* se colocar ao lado do movimento social em oposição ao liberalismo. Afinal de contas, a Palavra de Deus nos ensina como todos fomos feitos de um só e como fomos reunidos em uma só aliança feita por Deus. Ainda mais quando percebemos que tanto a solidariedade de nossa culpa quanto o mistério de nossa reconciliação no Gólgota nos mostram que todo esse individualismo é completamente impossível. Isso porque esses dois fatores apontam justamente o contrário, a saber, apontam para o conjunto coeso da nossa sociedade.

Portanto, não podemos nos calar quando o panteísta nos afirma – e sob sua inspiração também o *pessimista* – de que o caminhar da história, quão fatal e miserável possa ser, não pode ser invadida. Nem podemos nos calar quando afirmarem que um Destino de ferro controla o curso da nossa vida e que, portanto, é preciso percorrer primeiramente por este rio de miséria, para que talvez torne-se realidade que nos encontremos junto a situações melhores em eras vindouras. Como cristãos, com a Palavra de Deus em mãos, é nosso dever nos posicionarmos tanto contra esta falsa teoria do Destino como contra o falso sistema da passividade tão culpada, com a finalidade de, pela força de nossa confissão da providência de Deus, também examinar entre o que é bom e o que é mau em tudo o que se relaciona à sociedade. Assim, poderemos seguir em frente, cingindo-nos com a espada e com a espátula na mão cerrada, para, por um lado, lutar contra aquilo que se percebeu ser insustentável e, por outro, e ao mesmo tempo, construir aquilo que se provou ser bom. E, se o zeloso furioso procurar entrar em guerra contra o pessimismo passivo e tentar colocar fogo na casa para obter sua *tábula rasa* por revolução selvagem, a fim de posteriormente levantar em seu lugar a nova construção da carpintaria, então o nosso chamado, como cristãos, torna-se ainda maior. É nosso dever, com a Palavra apostólica nos lábios, advertir contra todo ataque à autoridade, enfrentar de forma corajosa todo e qualquer ato de violência e transgressão da lei e fazer ressoar claro e audivelmente a exigência de que a linha do desenvolvimento histórico só pode ser mudada de modo gradual e que a transição precisa proceder de forma legal.

Em quarto lugar, surge pela questão social a pergunta com respeito ao direito *de propriedade*. Se alguém afirma que a ideia de propriedade é absoluta, enquanto o outro afirma que toda propriedade particular deve se tornar propriedade comunitária, então o homem que vive de acordo com a Palavra de Deus deve se opor com a única teoria verdadeira que Deus nos deu em suas ordenanças. Deve testemunhar, em seu nome, que a propriedade absoluta é somente encontrada com Deus. O homem que viver de acordo com a

Palavra de Deus deve lembrar que todas as nossas propriedades são somente usadas como *empréstimo*. Toda a nossa
gestão é vista como *mordomia*. De certa forma, somente
o Senhor, nosso Deus, ninguém mais, tem o direito de nos
demitir da responsabilidade sobre essa gestão. Mas também
deve se lembrar de que nunca se *pode* ter outra lei de gestão que não esteja de acordo com os caminhos de Deus. Essa
gestão sempre deve estar em conexão com a coesão orgânica
da humanidade e com a coesão orgânica de seus bens. O que
o social-democrata chama de "comunidade de bens" nunca
existiu, nem em Israel, nem na primeira comunidade cristã.
Essa sociedade absoluta é excluída das Escrituras Sagradas,
praticamente em todos os sentidos. No entanto, certamente
da Palavra também é excluída qualquer imaginação de direito
absoluto de propriedade; imaginação nutrida por uma pessoa a qual acredita que, como se fosse Deus, sem levar em
conta as necessidades do outro, tem o direito de usufruir de
seus bens de forma absoluta.

Se houver ainda, não somente pelo coletivista, mas também pelos homens da nacionalização da terra, separado, um
ponto de disputa com respeito à questão *do solo*, esse fato
nos leva a adicionar mais uma responsabilidade a nós como
cristãos. Não podemos rir com desprezo quando ouvimos
esse tipo de ideia. Mas também não podemos encolher os
ombros, achando que a questão é por demais complicada
e que, portanto, a Palavra de Deus não possui uma dire-
triz para decidir sobre esta. Nenhuma dessas reações são
aceitáveis por motivo de consciência. Para confirmar essa
minha afirmação, menciono aqui um exemplo proveniente
da Escócia. Ao escutar como naquele país três quartos da
propriedade de terra se encontra nas mãos de quatorze pessoas, e recentemente uma dessas quatorze pessoas comprou

O PROBLEMA DA POBREZA: A QUESTÃO SOCIAL E A RELIGIÃO CRISTÃ 135

uma nova gleba habitada por 48 famílias e, simplesmente, expulsou dessas terras quase trezentas pessoas a fim de expandir sua área de caça, uma voz deve ressoar em seus corações. Afinal, nosso coração sabe que tal disposição de terras, de onde deve ser cultivado o pão do seu consumidor, em *princípio não pode, de modo algum*, ser bom. Sabe também que tratar uma propriedade de terra e uma propriedade avulsa de uma mesma forma *deve* ser visto como algo que vai contra as ordenanças de Deus. De fato, na legislação do Senhor para o povo de Israel, encontra-se claramente, no que diz respeito à propriedade de terras, um regulamento distinto. O campo fértil foi dado por Deus *a todo o povo*, para que todas as tribos em Israel pudessem morar na terra e viver por meio dos frutos provindos dela. Logo, todo regulamento agrário que *não* atenta a essa ordenança beneficial corrompe "terra e gente".

Oh, é tão falsa a afirmação de que a Palavra de Deus somente nos deixa ouvir sua voz no que diz respeito à salvação de nossa alma. Não, isso não é verdade. A Palavra de Deus nos propõe de forma direta ordenanças fixas também para a nossa existência como povo e para nossa vida em sociedade. As Escrituras traçam linhas muito definidas e bem visíveis. Dessa forma, é infidelidade com a Palavra de Deus quando, da nossa parte, *não* nos preocupamos em avaliá-la e *não* a levamos em conta. É infidelidade de nossa parte quando nos deixamos levar, de maneira pouco piedosa, pela opinião prevalecente ou pela lei vigente; quando aceitamos que estes determinem nossa teoria e nossa prática.

Afinal, a Palavra de Deus nos dá uma firme indicação sobre, praticamente, cada ponto da questão social. Pense somente na *família*, a qual querem destruir. No *casamento* que querem converter em amor livre. Nos *laços familiares* das gerações, que querem dissolver pela abolição de qualquer direito de herança. Deixe seu pensamento ir para o direito de *nascer*. Querem subordinar esse direito a leis e regulamentos. Comecemos aqui pela regulamentação do nascimento. Observamos que Bilderdijk, com base na Palavra de Deus, mesmo antes de conhecer Malthus, já chamava este tipo de impulso de "*impium facinus*, um existir ímpio, um lutar contra a definitiva ordenança de Deus, e *homicidium posteritatis*, o homicídio de uma ainda não nascida prole". Esse é o motivo pelo qual, enquanto a Palavra de Deus continua sendo aplicável entre nós, nunca podemos ser contra a *colonização*. A riqueza que a terra de Deus nos oferece, desde que esta não se encontre em pousio, é o suficiente para alimentar mais que o dobro das milhões de pessoas que habitam nosso planeta nos dias de hoje. Portanto, só pode ser loucura humana continuar vivendo de forma tão aglomerada em alguns lugares pequenos deste globo terrestre. É loucura fazer com que seres humanos precisem desaparecer em porões e favelas, ao passo que, em outros lugares, cem vezes maiores do que toda nossa pátria, encontrem-se regiões esperando pelo arado e pela foice; enquanto em outros lugares milhares de rebanhos, dos mais saborosos bifes, vagueiam sem dono. "Seja frutífero", soa a ordenança divina, mas também "enchei a terra", e não, *transbordeis* o pequeno lugarejo dentro de seus limites estreitos. Afinal, a instituição do casamento que, por causa de uma geografia restrita, sofre o dano deve ser defendido e honrado por nós cristãos. Deus nos castiga com todo tipo de condenação à luxúria e com a maldição da prostituição se resistirmos às suas ordenanças nesse assunto. Desta feita, pela mesma Palavra de Deus, o lar é delineado e imposto a nós como sendo aquela maravilhosa criação a partir da qual o rico tecido de nossa vida orgânica humana precisa continuar a existir com naturalidade. Assim, não há necessidade de hesitação. Todos sabem o que Deus espera dos senhores. Não é nossa obrigação organizar a sociedade, mas tão somente desenvolver o princípio da organização a qual o próprio Deus idealizou para a natureza humana. E, portanto, fora com o falso individualismo, e um *anátema* sobre qualquer tentativa de dissolver a *família*, o *lar*. Pelo menos, no estado civil dos Países Baixos que têm sentido o florescer da vida familiar e percebido seu poder já por três séculos, o afrouxar desse primeiro fundamento de nossa vida em sociedade nunca pode ser tolerado, pelo menos não com o nosso consentimento.

Quanto à relação *ao trabalho*, este fato não muda. Na ordenação divina "*No suor do rosto comerás o teu pão*", destaca-se especificamente o trabalho físico que é um componente primário na questão social e deve ser percebido com maior intensidade. No entanto, ao lado dessa ordenação, também está escrito: "*o trabalhador é digno do seu salário*". Portanto, esse salário não pode ser defraudado, muito menos retido. O Senhor afirma expressamente através de Moisés: "Não se pode oprimir o pobre assalariado e o seu salário diário não pode pernoitar contigo". Também o assalariado deverá ser honrado como seu semelhante, como um do mesmo sangue contigo. Portanto, rebaixá-lo a um instrumento de trabalho deve ser, para contigo, estranho à sua própria carne. Aquele trabalhador também deve poder viver e refletir a imagem de Deus com a qual fora criado. Ele precisa ser capaz de cumprir seu papel de homem e pai. Também esse assalariado tem uma alma a perder e, portanto, deve poder servir a Deus com tanto esmero quanto você. E, em vista disso, a ele também pertence o *Shabbat*, sobretudo para esse trabalho que exige muito de sua estrutura, o exaurindo, fisicamente. Também ele foi criado como frágil criatura, isto é, como alguém cuja força pode ser quebrada por meio de doença e acidente e, mais adiante, cuja força pode diminuir com a idade. E, portanto, quando *não puder* mais se dedicar ao labor no suor do seu rosto, ele deve poder comer o pão do trabalho do seu vigor *masculino*. Deus revela esse fato em sua Palavra, e o seu trabalhador lê isso. Ele deve e pode ler isso. E, quando ele lê, será que não é o próprio Senhor que lhe dá o direito – não para murmurar, nem para se inflamar em rebeldia – a uma justa reclamação ou até mesmo o direito de entrar em acusação contra a instituição social que o deixou tão desprovido da ordenação da misericórdia divina a ele destinada? E ainda que esse sofrimento não oprima muitos de nós *pessoalmente*, será que não deveríamos ser constrangidos pelo amor ao nosso próximo? Será que podemos deixar de criticar, com a Palavra de Deus em mãos, e nos levantar contra essa sociedade tão insalubre? Sim, será que podeis descansar enquanto essa sociedade, até agora sem pensar em assistência do Estado, não seja reformada segundo a Palavra de Deus? Abusar do trabalhador como se este fosse "um pedaço de ferramenta" é e continua sendo um assalto à sua *dignidade como ser humano*. Pior ainda, este ato é pecado. Pecado que nos posiciona diretamente contra o sexto mandamento: "Não matarás. Não matarás o trabalhador, também não socialmente".

Por fim, quero observar um ponto mais concreto referente à ajuda do Estado. Uma palavra breve. Deus, nosso Senhor, instituiu indiscutivelmente uma regra básica para o governo. Isto é, o governo existe para ordenar a justiça de Deus sobre a terra e mantê-la. Vemos, portanto, que não se encontra sob sua jurisdição o direito de assumir a tarefa

O PROBLEMA DA POBREZA: A QUESTÃO SOCIAL E A RELIGIÃO CRISTÃ

do lar e da sociedade. O governo não pode interferir nessas áreas da vida. No entanto, quando há uma colisão entre diferentes esferas da vida, de tal forma que uma esfera transgride ou viola o domínio que, por divina providência, pertence à outra, então, o chamado de Deus para o governo por Ele instituído é decidir pelo que é *justo* frente ao *capricho* de alguns e, assim, fazer recuar a superioridade física do mais forte e aplicar *sobre ambos* o direito que lhes é por Deus conferido. Contudo o que o governo não pode fazer de maneira alguma é conceder tal seguro legal a um grupo e reter este mesmo seguro legal a outro grupo. Um código para o comércio – fico aqui com o que discursei nos Estados Gerais em 1875 – clama por um código também *para o trabalho*. O governo deve ajudar o trabalho a obter justiça. Também para o trabalho, deve nascer uma possibilidade para que esse possa se organizar responsavelmente e, assim, defender seus direitos. E, em relação a outro tipo de ajuda do Estado, não com respeito à partilha dos *direitos*, mas a partilha de *dinheiro* que existe sob todo tipo de forma e pretexto, esta ajuda certamente não foi excluída da legislação de Israel, mesmo que, de certa forma, seja bastante limitada. E, por isso, afirmo que, a menos que queiram enfraquecer a classe trabalhadora e quebrar sua dinâmica natural, as dimensões para a assistência material devem sempre ser limitadas a um mínimo absoluto. Isso porque o bem-estar duradouro em relação a um povo, a uma pátria e também para nossa classe trabalhadora se encontra em grande parte de sua extensão em uma forte *iniciativa pessoal*.

Portanto, meus senhores, quanto a esse ponto não há necessidade de argumentação. A observação da nossa vida, concedida pela religião cristã, quase em sua totalidade, propõe um ponto de partida fixo de onde a solução concreta deve ser testada para cada parte da questão. Não estamos, de forma alguma, tateando no escuro. Os princípios se encontram, claramente, pronunciados na Palavra de Deus. Por essa Palavra, estamos obrigados a examinar as condições existentes como também a relação legal verdadeira. E, quanto ao chamado santo que repousa sobre nós como cidadãos cristãos, ficamos muito aquém de nossa responsabilidade quando abandonamos nosso lugar nessa tarefa tão séria. Erramos quando não assumimos nosso posto. Erramos quando não nos engajamos na reconstrução do que parece estar em conflito com Deus e suas ordenanças para, assim, transformar o modo de vida em algo querido por Deus, nosso Senhor.

Mesmo com todas essas explicações, ainda não posso terminar aqui a minha fala. Mesmo que este caminho do direito tivesse sido percorrido por nós de forma desejada e da maneira correta, ainda assim não teríamos chegado ao alvo pretendido por Deus. Nunca alcançaremos esse alvo divino se as medidas pararem na melhoria da parte legal. Afinal, a legislação, sem dúvida, não curará nossa sociedade doentia, mesmo que as *medidas* certas sejam tomadas, a menos que o remédio seja derramado lentamente *no coração* do rico e do pobre. O pecado é terrivelmente poderoso que ridiculariza e zomba de suas barragens e eclusas que, apesar de sua regulamentação legal, inundam de novo o campo de nossa vida com as águas de suas paixões e seu egoísmo. Retorno agora para o ponto de partida: por sermos criaturas *conscientes*, quase tudo depende do medidor de valores esculpido e regido pela nossa *consciência*. Portanto, se uma pessoa acredita que *esta* vida é *tudo* o que se tem, então o desejo de desfrutar desta antes de morrer é plausível, e o mistério do sofrimento é incompreensível. Por essa razão, o seu chamado, vós crentes,

O PROBLEMA DA POBREZA: A QUESTÃO SOCIAL E A RELIGIÃO CRISTÃ 141

está no nosso Senhor Jesus Cristo. O seu chamado é apresentar, em primeiro lugar, com uma seriedade contagiante e com uma ênfase que penetra o mais profundo da alma, *a vida eterna*, anunciando essa vida não somente aos pobres, mas também aos ricos. Somente os que assumem esta vida contando com a vida eterna são capazes de conhecer e entender o preço real desta vida terrena. E assim sendo, se o que é destinado ao ser humano é unicamente ter propriedades, ter bens materiais e se alegrar por meio dos seus sentidos, a ação e a atitude do materialista seriam de todo compreensíveis, e eu não poderia repreender o epicureu. É este o motivo do seu chamado, oh, filhos do Reino de Deus. É seu chamado apresentar e imprimir indelevelmente – e de todas as formas possíveis e imaginárias, sempre e novamente, a ricos e pobres – a verdade de que *a paz de Deus* é um tesouro bem maior e mais digno e de que o bem *espiritual* do ser humano transcende ao que este possa imaginar por conta própria. A pergunta não cala também junto à questão social: como prevalecerão *contentamento* e *felicidade*? Afinal de contas, a felicidade e o contentamento são coisas que não dependem somente do montante de suas posses, mas, antes de tudo, da *necessidade*, que foi despertada em vós, e o *tipo* de necessidade que clama por satisfação interna. E, mesmo que o socialista possa continuar com suas contendas e dizer que o evangelho é simplesmente "um cheque para a eternidade" com o intuito de enganar o pobre, mesmo que continue afirmando que "a lembrança da eternidade é pura fantasia", os fatos refutam esta linguagem caluniadora. Quem conhece os da família cristã e já teve o privilégio de estar entre estes, e entre os da classe mais pobre, sabe muito bem o que o temor do Senhor é capaz de realizar também entre estes desfortunados. Pois deve ter visto como, o que em outro lugar era desperdiçado no alcoolismo e no pecado, redundava para o trabalhador cristão em bênção dobrada. Quem viu essas famílias teve o privilégio de testemunhar como, também em uma família paupérrima, há uma justa valorização da dignidade do ser humano junto ao homem, mulher e filhos. Além disso, teve o privilégio de agradecer a Deus ao ver a felicidade e o regozijo do coração também entre os de recursos limitados. Pois, não! Esse núcleo de nossos trabalhadores não pede nem mendiga. Mas, sim! Depois de todo este infortúnio, eles mesmos dão assistência, ainda que mirrada, ao que recebe ainda menos.

Tenho a profunda convicção de que o profeta que se apresenta no meio do nosso povo, de forma a levá-lo a vacilar nessas peças fundamentais da consciência popular, age de modo cruel e impiedoso. Também devem ser marcados e classificados como cruéis os que, em nossos púlpitos, aderem ao entendimento moderno e semeiam no coração humano a dúvida sobre nosso destino eterno. Não menos cruel foi a nossa escola pública, que arrastou as crianças de nosso povo desfazendo seu ponto de vista nobre e elevado e rebaixando-os. E, por contraste, é impossível valorizar em demasia o que, por causa disso, a nossa escola cristã tem feito em relação ao sofrimento de nosso povo. A escola tem ajudado em muito nosso povo sofrido. A escola cristã devolveu a centenas e mais centenas de famílias o único padrão de valor e dignidade confiável à vida, ao bem e ao gozo humano.

Pois então, meus caros senhores, toda nossa vida deve ser um pregar desses princípios santos também entre os menos favorecidos. No entanto, como poderão crer no evangelho se vós que tendes recebido mais não expuserdes esses princípios de forma intencional por meio de suas vidas? Como poderão crer se simplesmente continuais lançando em rosto estes princípios enquanto prosseguis com suas vidas deixando claro que estas ainda se encontram ligadas a seus bens materiais; se continuais dando a impressão de que o prazer da opulência vale mais que qualquer outra coisa. Ou, pior ainda, se estendeis as mãos em nome do Senhor com o fim de dar do que recebestes de Deus, Senhor de suas posses, mas isto de coração pesado? Será mesmo que os menos favorecidos *crerão* na vossa pregação? Terão toda razão se não crerem, porque todo nosso senso de verdade e justiça entra em resistência contra uma teoria da felicidade pós-vida que só presta serviço e favores ao pobre coitado do Lázaro no intuito de, aqui neste mundo, mantê-lo à distância. A fé, tanto para vós mesmos como para os pobres, deve ser *idêntica* em seu valor. Na realidade, a pergunta que se torna decisiva para a questão social é se reconheceis no menos afortunado, sim, também no mais pobre, ser este não apenas uma criatura, uma *persona miserabilis*, mas uma pessoa que vos é igual; uma pessoa com o mesmo sangue correndo em suas veias, e, por amor de Cristo, *seu irmão*. É exatamente esse sentimento *nobre* que, infelizmente, foi enfraquecido e embotado de maneira provocativa pelo materialismo deste nosso século. Sim, vós também conheceis aqueles proprietários bem de vida que se tornaram amedrontados pela ameaça da social-democracia e que, agora por temerem essa ameaça, estendem a mão para todo tipo de melhoria social sobre os quais anteriormente nenhum deles pensava. No entanto, oro ao Senhor e peço que, pelo menos neste círculo, entre os que aqui confessam o nome do Senhor, encontremos um *amor mais completo e perfeito* capaz de expulsar todo este tipo de temor. Neste recinto, não há lugar para os que querem se juntar a nós simplesmente para evitar que sua caixa de dinheiro, seu cofre, sejam ameaçados.

Aqui é terreno santo e quem quiser entrar deve primeiro desatar o egoísmo do solado de seus pés. Tudo o que se pode sussurrar aos nossos ouvidos aqui é o comovente e eloquente chamado do *bom samaritano*. Há sofrimento ao teu redor e os que passam por este sofrimento são teus irmãos, compartilham a mesma natureza, são de tua própria carne, de teus próprios ossos. *Tu* poderias estar no lugar deles; e eles, em *tua* posição privilegiada. E agora o evangelho vos fala de um Redentor da humanidade que, mesmo sendo rico, fez-se pobre por amor de vós para vos tornar ricos. O evangelho nos faz ajoelhar e adorar uma criança que nos nasceu, mas que nasceu em um estábulo. Uma criança que foi deitada em uma manjedoura e envolta em faixas. Este fato nos aponta para o Filho de Deus, mas o qual se tornou Filho *do homem* a fim de percorrer a terra, indo da rica Judeia à pobre Galileia, achegando-se, naquela desprezada Galileia, aos que ali se encontravam necessitados ou pressionados pelo sofrimento. Sim, este evangelho vos fala de um único Salvador que, antes de partir deste mundo, inclinou-se com vestes de escravo a fim de lavar os pés de seus discípulos, um a um. Após ter feito isso, levantou-se e disse: "*Eu vos dei o exemplo, para que, como eu vos fiz, façais vós também uns aos outros*".

Assim o amor de Deus, que brota de dentro de vós, irradia toda a sua beleza. Não no que tange o deixar que o pobre Lázaro sacie sua fome por meio das migalhas que caem da tua mesa farta. Tal tipo de bondade é um insulto que ofende em muito o coração do homem que também bate no peito do homem pobre. Da mesma forma em que vós, tanto ricos como pobres, sentais à mesa da comunhão juntos, assim também tenhais o mesmo sentimento com o pobre como membro do corpo, tanto o servo como a empregada doméstica, tratando-os como um *filho do homem*, pois, como vós funcionais, assim também eles. Muitas vezes, um aperto de mão vindo de uma pessoa leal é para o pobre mais doce do que uma esmola abastada. Uma palavra amigável, não uma palavra com ar de superioridade, é um bálsamo suave para aquele que chora suas dores. Misericórdia divina, *compaixão, um sofrer conosco e por nós*, foi o mistério do Gólgota. Assim também vós deveis, com sentimento de fraternidade, *sofrer com os irmãos que estão sofrendo*. Só então a música santa da consolação vibrará em tuas palavras. Só então se adicionará naturalmente, pela simpatia encorpada na compaixão, junto à palavra, também a *ação*.

O que importam também são estes *atos de amor*. Afinal de contas, o pobre não pode aguardar o término da reconstrução de nossa sociedade para saciar sua fome. É praticamente certo que ele não viverá tempo o suficiente para experimentar essas horas gratificantes da reconstrução da sociedade. E, enquanto isto, ele ainda precisa *viver*, precisa se alimentar. Alimentar sua boca faminta e a boca faminta dos que se encontram em seu lar. E, portanto, faz-se necessária uma ajuda enérgica. Além disso, não importa quão inclinado eu esteja em louvar a dignidade de vosso amor sacrificial, e, pela graça de Deus, posso falar isto de muitos de vós, ainda assim insisto na existência, entre nós cristãos, da arte santa do "dar por amor de Jesus". Esse amor deve ser muito mais desenvolvido em nosso meio. Nunca esqueçais que todo cuidado proveniente do Estado com os pobres *continua* clamando contra a honra do vosso Salvador.

Portanto, tende compaixão do sofrimento dos *subjugados* e *oprimidos*. Nada é mais forte do que esse compadecimento santo para fazer de vós "seguidores de Deus como filhos amados". O segredo da força celestial se abriga *nesta santa iniciativa e ação provinda do homem compassivo, que* vós, como cristãos, podeis exercitar. Isso porque é justamente este ato maravilhoso de compaixão que abranda o mesquinho e abre os lábios dos que são de natureza dura e arisca. Seja despertado em vós o impulso para querer tornar possível a ajuda aos pobres, a fim de que esses, por conselhos, por liderança ou pela própria iniciativa, remem contra a correnteza do sofrimento social. Quando isso acontecer, não será preciso pedir de forma acanhada por ajuda, porque desta feita se engajarão neste projeto todos os que não somente se *chamam* de cristãos, mas todos os que *são* verdadeiramente cristãos. Serão engajados a fim de lutar por uma honra mais elevada para, assim, por esse serviço de misericórdia, em nome de Jesus, servir seus irmãos sofredores.

Senhores irmãos, que também este nosso encontro aqui no Congresso seja controlado por este motivo elevado e santo. Ninguém se glorie na boa obra no qual nos envolvemos aqui. Pelo contrário, tenhamos neste recinto uma silenciosa autoacusação, por estarmos, somente agora, nos encontrando para este fim. Regozijemo-nos no fato prazeroso de ver aqui homens da organização *Patrimônium*[6] se reunindo como cristãos da classe mais alta para fazer deliberações conjuntas. Um simbolismo tranquilo, mas cheio de vida. Que este seja um simbolismo profético de que a confiança cristã em nosso meio seja, breve completamente restaurada.

E se, por fim, me perguntarem se eu verdadeiramente *ouso construir esperança* neste Congresso de que chegaremos *um pouco* mais perto de conseguir uma solução para essa questão urgente pelo menos em nossos tempos – não se esqueçam – a necessidade social é uma *questão mundial*.

---

[6]Esta organização se reúne a fim de providenciar moradas boas e pagáveis para a classe trabalhadora.

O PROBLEMA DA POBREZA: A QUESTÃO SOCIAL E A RELIGIÃO CRISTÃ   147

E, no sentido eminente, uma questão de caráter internacional, que não pode ser resolvida uma vez por todas dentro dos limites tão estreitos como os de nossa pequena pátria. O que o futuro nos trará sobre essas questões depende de muitos fatores que não se encontram em *nosso* poder. Também é possível que o misericordioso Deus, em seu julgamento justo, tenha articulado um justo juízo, se não sobre o futuro imediato, então sobre um futuro não muito distante. Estas são as coisas *ocultas* que também neste Congresso deixamos nas mãos do Senhor nosso Deus. Mas, perante nós, continua presente sua ordenança *revelada*. E, enquanto se espera para ver o que vai acontecer, devemos, também neste Congresso, arregaçar as mangas para executar o que nossas mãos acham por fazer e, assim, desempenhar esta ordenança divina *com todas as nossas forças*. Que o Senhor Deus, ali, ordene sua benção. Além disso, isto é certo e está claro para todos nós, se ainda há um começo de entendimento de Redenção para nossa sociedade ferozmente perturbada, o Cristo como *seu Salvador* deve aparecer também no final deste nosso século moribundo. É por este motivo que eu termino aqui com uma oração. Uma oração, eu sei, proveniente do coração de todos vós. Uma oração pedindo que, mesmo que a redenção não chegue, e mesmo que o fluxo da iniquidade tiver de se alastrar ainda mais, nunca se possa dizer que foi culpa dos cristãos holandeses. Que nunca se diga que foi a mornidão de nossa fé cristã, nas classes altas ou nas classes baixas, que impediu a redenção de nossa sociedade, e que a bênção de Deus nosso Pai, por este motivo, fora confiscada.

    Tenho dito.

Epílogo

Kuyper, a questão social e a resposta cristã

No seu discurso de 1891 sobre a questão social, Abraham Kuyper levanta o problema que assolava os países modernos de sua época (tema inclusive tratado pela igreja de Roma no seu famoso documento *Rerum Novarum*, publicado poucos meses antes). Ele também discute a falsa promessa das soluções apresentadas fora do cristianismo e propõe o que ele chama de uma "crítica arquitetônica" da sociedade, convidando seus ouvintes cristãos a aplicar a lição. Cabe-me, aqui, delinear o fio condutor do argumento de Kuyper que, pela estrutura do texto, fica obscurecido em certas passagens. Além disso, quero jogar luz sobre pontos nevrálgicos do seu discurso utilizando outras passagens da obra do grande pensador e estadista antirrevolucionário holandês.

I

Um ponto de partida importante para a compreensão da leitura kuyperiana da questão social é a denúncia à Revolução Francesa e à mentalidade por ela promovida. Uma compreensão negativa desse importante evento e de suas consequências sociais permeia a obra política de Kuyper.

Desde os tempos de Guillaume Groen van Prinsterer (1801-1876), essa interpretação orientava a causa antirrevolucionária na Holanda. O antecessor de Kuyper na liderança do movimento criticou a Revolução primariamente como uma visão religiosa anticristã da sociedade.[1] Além do seu ranço contra o cristianismo, a fé revolucionária racionalista e utópica propusera um desvencilhamento dos laços sociais que haviam organizado a Europa até então. Sem essa antiga estrutura, que reconhecia a majestade de Deus como origem da autoridade relativa de cada esfera da vida, o povo passou a enxergar uma sociedade atomizada de indivíduos sem nenhuma intermediação entre eles e o Estado revolucionário.[2] O movimento que proclamava a liberdade absoluta acabou, por conta disso, conduzindo à tirania também absoluta.[3] Essa crítica explicitamente cristã da Revolução avançava no plano religioso a visão de autores mais célebres como Edmund Burke (1729-1797) e Alexis de Tocqueville (1805-1859).

No seu discurso, Kuyper retoma esse tema ao denunciar tanto a Revolução Francesa como as outras ideologias políticas humanistas derivadas da mentalidade revolucionária:

---

[1] Guillaume Groen van Prinsterer, *Christian Political Action in an Age of Revolution* (Aalten: Wordbridge, 2015).
[2] Guillaume Groen van Prinsterer, *Unbelief and Revolution* (Bellingham: Lexington, 2018).
[3] Ver, por exemplo, Edmund Burke, *Reflexões sobre a Revolução em França* (Brasília: UnB, 2006); Alexis de Tocqueville, *Da Democracia na América* (Campinas: Vide Editorial, 2019).

o liberalismo racionalista, o estatismo bismarckiano, a social--democracia e o socialismo.[4] É interessante notar a forma como o autor articula a sua crítica a cada uma dessas vertentes, muitas vezes admitindo nelas algo de positivo e atacando principalmente a sua raiz religiosa idólatra. O liberalismo francês tem o mérito de ter reconhecido o abuso de poder da nobreza do antigo regime, mas sua visão fragmentária da sociedade e da soberania do ser humano, além de inviável e perigosa, é um dos fatores responsáveis pelos problemas sociais decorrentes da falta de solidariedade. O estatismo, que vê no Estado o motor do desenvolvimento, é denunciado como uma visão "patriarcal" que distorce o crescimento orgânico da sociedade, mas o historicismo que o orienta tem a vantagem de não enxergar a legislação vigente como perene, abrindo espaço para a mudança social necessária. A social-democracia recebe um elogio mais detido quando se nota que ela deseja corrigir uma distorção do processo político, ampliando o sufrágio. Por outro lado, ela é chamada de "ameaça", sendo interpretada como uma verdadeira filha da mentalidade revolucionária humanista. Já o socialismo é valorizado por sua busca do "sentimento comunitário". Apesar disso, "não acredita que há um Deus a cujas ordenanças devemos nos submeter" e almeja, tal como o liberalismo racionalista, "destruir tudo o que se encontra de pé".

A tirania é consequência prática de todas essas ideologias: "um único e singular Estado tragando todo e qualquer

---

[4] O termo "liberalismo racionalista" é empregado na filosofia política como chave para diferenciar a variedade revolucionária, individualista e utópica de liberalismo daquela visão antirracionalista de Burke, Tocqueville e Kuyper, que valoriza o desenvolvimento espontâneo ou orgânico da sociedade. Ver Lucas G. Freire, "Liberdade: duas tradições", *Instituto Monte Castelo* (Brasília: Junho 2019). Kuyper chama essa outra vertente de "liberalismo menos doutrinário" e não apresenta comentários negativos quanto a ela ao tratar da questão social.

indivíduo". Todas elas começam pela raiz errada e propõem falsas respostas à questão social. Já para o cristão, o diagnóstico e a resposta devem se articular mediante uma abordagem bíblica que reconheça adequadamente a majestade e a soberania de Deus sobre todas as coisas.

II

Para Kuyper, o maior problema por trás da questão social não é a desigualdade em posses materiais, e a resposta a ser dada não passa necessariamente pelo uso da via política para redistribuir dos mais ricos para os mais pobres.[5] O seu discurso será mal compreendido se não enxergarmos o contexto em que ele foi proferido. Kuyper fala como cristão e a um auditório de cristãos. Sua preocupação principal é como a igreja deve interpretar e tratar a questão social. Nem o diagnóstico nem a resposta cristã devem ser reduzidos ao aspecto político, embora ele também faça parte do panorama. Há, portanto, "uma ligação direta... entre a questão social e a religião cristã".

Substituir a confiança em Deus pela confiança nos recursos materiais e depositar neles toda a nossa esperança são marcas da idolatria moderna. Essas marcas, porém, já haviam sido denunciadas por Cristo em seus ensinos quando condenou os ricos que confiavam demais na sua riqueza e os pobres que se mostravam ansiosos em excesso por não terem posses. Nas palavras de Kuyper, o abuso das posses materiais tem uma "raiz maléfica", a saber, "o pecado". O pecado teve seu impacto negativo na história da humanidade e continua a tê-lo em tempos modernos.

---

[5]Abraham Kuyper, *Our Program: A Christian Political Manifesto* (Bellingham: Lexham, 2015), p. 335.

A majestade de Deus como Rei Soberano é uma preocupação que permeia a obra política do estadista holandês. Ela se faz presente também na discussão da questão social, em primeiro lugar, porque perdemos a noção da imagem de Deus no ser humano, portada inclusive por aquele que vive em condições de miséria e degradação. Deixamos de considerá-lo digno de empatia e misericórdia. Em segundo lugar, as ideologias humanistas modernas atribuem a soberania ao ser humano, seja na sua manifestação individual, seja coletiva, ao alegar que o poder emana do povo. O pecado da idolatria, de ocupar o lugar de Deus com alguma outra coisa, leva a uma leitura distorcida da ordem social e a uma aplicação também alterada da capacidade humana na arte de governar essa ordem. Em terceiro lugar, a consequência disso não é meramente religiosa, mas também social. A Revolução levou a uma visão social individualista por ter rompido com o desenvolvimento orgânico de uma sociedade sob forte influência de uma inclinação cristã e almejou redesenhar a vida humana na Terra sem qualquer referência à soberania absoluta de Deus.[6]

Com essas observações, fica preparado o terreno para lidar com um ponto-chave do discurso: a oposição entre as elites e o resto do povo, engatilhada pela reengenharia social da Revolução.

III

Para Kuyper, Deus criou certos aspectos da sociedade e da cultura como potenciais para serem desenvolvidos ao longo

---

[6]Groen van Prinsterer, *Unbelief and Revolution*, p. 229.

da história humana.[7] A arte de governar se torna particularmente relevante por conta da Queda no pecado e passa a ser um grande instrumento desse desenvolvimento histórico, que pode ser bem ou mal utilizado. Um bom uso dessa arte promove a vida em comunidade e não contradiz o desenvolvimento orgânico da sociedade. Devemos vê-la "com gratidão", pois ela nos eleva de uma situação potencial de "barbarismo". Um mau uso ignora a natureza humana, distorce as "leis que governam... as associações humanas" e dão azo à "avareza e ambição". No longo prazo, isso pode cristalizar e institucionalizar a injustiça por meio de leis e regulações, normalizando uma situação antinatural na base do ordenamento da sociedade. É esse tipo de distorção que Kuyper aponta na sociedade de sua época, mas é interessante destacar exatamente como ele denuncia o mau uso da arte de governar em seu país.

Na passagem talvez menos compreendida do seu discurso sobre a questão social, Kuyper lista medidas legislativas e regulatórias que resultaram na dominação dos mais fortes sobre os mais fracos, subvertendo um dos grandes papéis do governo civil: leis e regulações que não tratam a população em igualdade, tributando em excesso, intervindo no comércio exterior, regulando os preços dos aluguéis, ditando os termos da agricultura, etc. No seu extenso comentário ao manifesto do Partido Antirrevolucionário, cada um desses pontos é tratado em detalhe. A denúncia básica era que essas leis e regulações foram historicamente capturadas por grupos de interesse com amplos recursos materiais para consolidar por meio da lei (e não da concorrência no mercado)

---

[7]Abraham Kuyper, *Sabedoria e Prodígios: Graça Comum na Ciência e na Arte* (Brasília: Monergismo, 2018), pp. 38-41.

a sua situação econômica. Em um ambiente pesadamente regulado, alguns setores da economia geraram mercados concentrados e diminuíram a oportunidade para os pequenos realizarem também a sua atividade econômica. Em suma, os mais fortes, nessa esfera da economia, dominavam os mais fracos por meio de relações de compadrio com o governo.[8] Isso é denunciado no discurso como a "aristocracia do dinheiro" se levantando para "editar as nossas leis". O Partido Antirrevolucionário sob a liderança de Kuyper defendia, em resposta, uma descentralização do governo civil, devolvendo o poder ao nível local, além da desregulação para que o governo se limitasse ao seu papel de justiça pública e deixasse de distorcer a atividade econômica, principalmente porque essa distorção premiava os poderosos que navegavam com habilidade as relações com o governo e ampliava a aflição dos pobres.[9]

Por outro lado, as classes economicamente mais frágeis se contaminaram com o fermento socialista e sua convocação à violência, incluindo o não cumprimento de contratos de trabalho por meio de ameaças de greves. Nessa esfera do trabalho, os números e a força física tornavam o trabalhador mais forte que os empregadores.[10] O partido de Kuyper defendia que fosse elaborado um código do trabalho para reequilibrar as forças também nessa esfera, incluindo previsões inéditas para permitir associações livres e voluntárias de empregados e também para resolver situações de conflito, inclusive quando os patrões fraudavam o salário dos pobres (daí a alusão no discurso à Epístola de Tiago).[11]

---

[8]Kuyper, *Our Program*, pp. 336-342.
[9]Kuyper, *Our Program*, pp. 146.
[10]Kuyper, *Our Program*, p. 339.
[11]Kuyper, *Our Program*, pp. 344-350.

Em suma, na visão kuyperiana não havia uma panaceia ou receita de bolo capaz de resolver completamente o problema pela via política, e ampliar o poder do Estado de forma indiscriminada seria um retrocesso imprudente.

IV

É bom finalizar esta reflexão sintética com uma discussão da aplicação que Kuyper sugere aos seus ouvintes. Ele busca redefinir o sentido de "socialismo" para significar uma ênfase na sociedade como um "organismo humano vivo" em reconhecimento à majestade de Deus. Para a igreja como parte de um organismo, Kuyper tem duras palavras: "não podemos nem devemos nos desculpar por haver miséria entre nós". A prática da misericórdia, o sacrifício pessoal em favor do próximo, uma visão elevada da dignidade da pessoa, o reequilíbrio das relações entre cada esfera da sociedade (cada uma soberana em seu próprio assunto) e uma visão bíblica da propriedade privada como um empréstimo de Deus, serão necessários à comunidade cristã para que ela ponha em prática a lição oferecida. Se tudo isso for retomado, será inadmissível que haja penúria no seio da igreja. Mas como a situação contrária se tornou possível?

Primeiro, a igreja permitiu que entidades privadas de caridade cristã, independentes da disciplina e do ofício do governo eclesiástico, se ocupassem da ajuda aos pobres da igreja (além dos de fora). Isso foi exacerbado pela visão social atomista trazida pela mentalidade da Revolução Francesa, diminuindo a solidariedade entre as pessoas. Em segundo lugar, a igreja relaxou no seu dever e delegou a essas entidades a sua obra de diaconia. Em terceiro, essas organizações não deram conta de todo o fardo e, finalmente, o Estado revolucionário tomou conta da assistência; e agora a população em geral crê que esse seja seu dever legítimo. Ao sair do seu papel de justiça pública e usurpar o papel da igreja com seus pobres e da caridade privada com os demais, o Estado fere, na visão de Kuyper, a majestade de Deus, que governa absolutamente por meio de uma separação de esferas sociais, cada uma com seu papel.[12]

Por isso, Kuyper declara com seriedade que "um membro da igreja jamais deveria ter que buscar ajuda fora da igreja". A igreja "não pode jamais delegar os seus pobres ao governo civil" e "nenhum membro da igreja poderá buscar ajuda do Estado". Depois de ajudar os seus, caso haja abundância, a igreja pode também ajudar os de fora. Há um lugar mais limitado para a caridade privada e, se nem ela nem a igreja derem conta da assistência, o governo poderá socorrer localmente.[13] Para que isso seja possível, é claro que a expectativa de que cabe ao governo a solução final para a questão social deve ser substituída por um arrependimento na forma como a comunidade cristã tem lidado com suas posses materiais.

No entanto, essas são ações práticas que remediam o sintoma do problema, mas não o seu cerne. Caso a raiz não seja tratada na igreja, o problema poderá reemergir. Kuyper diz no seu discurso que é preciso "que o remédio seja derramado lentamente no coração do rico e do pobre". Nada menos que o poder do Evangelho e a persuasão do Espírito Santo serão capazes de operar esse milagre. Ao defender a majestade de Deus na questão social, Kuyper nos lembra daquilo que o cristão intuitivamente conhece, por conhecer o seu Senhor

---

[12]Abraham Kuyper, *Pro Rege: Living Under Christ's Kingship*, Vol. 2: *The Kingship of Christ in its Operation* (Bellingham: Lexham, 2017), pp. 281-286.
[13]Kuyper, *Pro Rege*, vol. 2, pp. 286-288.

Soberano: "Não somos mais que meros mordomos de nosso Rei sobre aquilo que temos e recebemos".[14] Estamos vivendo na época mais afluente da história da humanidade. Porém, tanto a pobreza como o pecado ainda existem. A lição de Kuyper vale também para os nossos dias e em particular para a comunidade alcançada pelo evangelho de Jesus Cristo, que precisa urgentemente colocá-la em prática.

■ LUCAS G. FREIRE

Professor no Centro Mackenzie de Liberdade Econômica.

Doutor em Política pela Universidade Exeter.

Vencedor do Michael Novak Award 2018.

---

[14] Kuyper, *Pro Rege*, vol. 2, p. 286.

Este livro foi impresso em 2020, pela Geográfica,
para a Thomas Nelson Brasil. A fonte usada no miolo é Lora corpo 9,5.
O papel do miolo é Lux Cream 70 g/m².